LA MENTE INMORTAL

"En este importante y bien escrito libro se provee evidencia abrumadora de la continuidad de la conciencia después de la muerte física. Tras leer este libro maravilloso es obvio que estamos y siempre estaremos interconectados los unos con los otros, porque nuestra conciencia eterna nunca terminará: está más allá del tiempo y el espacio. Estamos entonces obligados a reconsiderar la hipótesis nunca demostrada de que el cerebro origina la mente. Les recomiendo este libro encarecidamente".

Pim van Lommel, M.D., cardiólogo y autor de *La consciencia más allá de la vida*

"Sin lugar a dudas, esta es la mejor recolección de pruebas sobre experiencias cercanas a la muerte, apariciones, comunicaciones después de la muerte y a través de médiums, recuerdos de vidas pasadas y reencarnación, todo en un mismo libro. Laszlo y Peake entrelazan todo esto con extrema habilidad y lo llevan a dimensiones más profundas de la conciencia y el universo, que muchos llaman el Akasha, para definir la inmortalidad del alma y el sentido de la experiencia humana. Una evidencia real e irrefutable".

P.M.H. Atwater, doctora en humanidades, autora de *The Big Book of Near-Death Experiences [El gran libro de experiencias cercanas a la muerte]*, *Near-Death Experiences [Experiencias cercanas a la muerte]*, *Dying to Know You [Muriendo por conocerte]*, y de *Children of the Fifth World [Hijos del quinto mundo]*

"Por fin, la teoría científica de avanzada se une a una investigación muy sugerente sobre la continuidad de la conciencia tras la muerte física. Como resultado, *La mente inmortal* hurga en el dogma sin salida del materialismo científico como ningún otro libro".

JAMES O'DEA, EXPRESIDENTE DEL INSTITUTO DE CIENCIAS NOÉTICAS (IONS, EN INGLÉS) Y PRESIDENTE EJECUTIVO DE LA FUNDACIÓN SEVA

"Al combinarlo con una discusión sobre física cuántica, Laszlo y Peake presentan un caso convincente sobre la conciencia no localizada. Una lectura fascinante que resalta cómo estamos atravesando un paradigma de cambio muy emocionante".

PENNY SARTORI, DRA., ENFERMERA REGISTRADA, AUTORA DE *THE WISDOM OF NEAR-DEATH EXPERIENCES [LA SABIDURÍA DE LAS EXPERIENCIAS CERCANAS A LA MUERTE]*

"Estamos entrando en el nuevo paradigma de la comprensión de la conciencia y su relación con el cerebro y el más allá. En *La mente inmortal,* Laszlo y Peake aportan una mirada concisa y lúcida de los datos sobre la conciencia más allá del cerebro. Al explorar un nuevo mecanismo revolucionario de las interacciones conciencia-cerebro a partir de los principios de la ciencia moderna tales como la física cuántica y la teoría de campos entrelazados, este libro es un aporte al cambio en el paradigma actual de la conciencia y de un gran valor para cualquier estudiante del tema".

MANJIR SAMANTA-LAUGHTON, M.D., AUTORA DE *CIENCIA PUNK [PUNK SCIENCE]* Y *THE GENIUS GROOVE [LA MARCA DEL GENIO]*

LA MENTE INMORTAL

La ciencia y la continuidad de la conciencia más allá del cerebro

ERVIN LASZLO
CON ANTHONY PEAKE

TRADUCCIÓN POR MANUEL RODEIRO

Inner Traditions en Español
Rochester, Vermont • Toronto, Canadá

Inner Traditions en Español
One Park Street
Rochester, Vermont 05767
www.InnerTraditions.com

Inner Traditions en Español es una división de Inner Traditions International

Titulo original: *The Immortal Mind: Science and the Continuity of Consciousness beyond the Brain* publicado por Inner Traditions, sección de Inner Traditions International

ISBN 978-1-62055-541-5 (pbk.) — ISBN 978-1-62055-542-2 (e-book)

Impreso y encuadernado en Estados Unidos

10 9 8 7 6 5 4 3 2

Diseño y diagramación del texto por Priscilla Baker
Este libro ha sido compuesto con la tipografía Garamond Premier Pro con Trajan Pro y Helvetica Neue LT Std

Contenido

Parte III

LA EXPLICACIÓN

PRÓLOGO

LA GRAN INTERROGANTE

¿Termina nuestra conciencia —mente, alma o espíritu— con la muerte de nuestro cuerpo*, o continúa de alguna forma, tal vez en otro reino o dimensión del universo? Esa es la "gran interrogante" que personas observadoras se han hecho a través de los años.

Permítanos llegar al fondo del asunto de inmediato. ¿Somos totalmente mortales o existe un elemento o faceta *de nuestra existencia que sobrevive a la muerte de nuestro cuerpo? Esta pregunta es de extrema* importancia para nuestra vida y nuestro futuro.

De una forma u otra, la idea de que la conciencia persiste más allá del cerebro y el cuerpo vivos ha sido reafirmada durante miles de años con el pensamiento basado en la naturaleza de la realidad. Se fundamentó, empero, en la percepción personal, heredada de la fortaleza de su significado intrínseco y su potestad espiritual. En años recientes ha salido a la luz evidencia más sólida sobre la "gran interrogante". Parte de esa evidencia ha estado sujeta a una observación verificada, y algunas de esas observaciones han sido grabadas. En los capítulos siguientes revisaremos algunos de los rastros más creíbles y robustos de evidencia.

Hay tres preguntas fundamentales que necesitamos tratar, y las vamos a tratar una a una.

*Usaremos los términos *conciencia* y *mente* indistintamente, mientras reservamos *alma* y *espíritu para un contexto* espiritual y/o religioso.

Primero, ¿existe una cosa tal como la conciencia no asociada a un cerebro vivo? Parece que hay "algo" que se puede experimentar en ocasiones, e incluso durante una comunicación, y que parece ser la conciencia de una persona que ya no está viva. En la Parte I veremos sólidos vestigios de evidencia en ese sentido.

Segundo, suponiendo que hay "algo" que podemos experimentar y que aparenta ser una conciencia incorpórea, ¿qué significa eso para nuestra comprensión del mundo, y la del ser humano en el mundo? ¿Quiénes y qué somos si nuestra conciencia puede sobrevivir a nuestro cuerpo? ¿Y qué tipo de mundo es ese en el cual la conciencia puede sobrevivir a nuestro cuerpo? Esas son las preguntas que enfocamos en la Parte II.

Tercero, ¿qué tipo de explicación hay para la posible persistencia de la conciencia más allá del cerebro y el cuerpo, así como para el contacto y la comunicación con tal conciencia, cuando confrontamos las evidencias con los últimos aportes de las ciencias naturales? Esa es la pregunta que hacemos en la Parte III.

Esas son tareas ambiciosas, pero no están fuera del alcance de la ciencia. Conocemos que la experiencia consciente puede ocurrir durante la ausencia temporal de la función cerebral. Ese es el caso de las llamadas experiencias cercanas a la muerte o ECM (NDE, por su sigla en inglés). ¿La experiencia consciente también puede ocurrir durante la ausencia permanente de la función cerebral, cuando el individuo ha muerto). Tiene sentido hacerse esta pregunta también, porque es importante, con sentido y no carente de evidencias observacionales.

La ciencia tradicional —la que se enseña en la mayoría de las escuelas y universidades— no confronta estas preguntas: niega la posibilidad de que la conciencia pueda existir si no existe un organismo vivo. Sin embargo, a diferencia de los Diez Mandamientos que Moisés trajo a su pueblo, las doctrinas de la ciencia tradicional no están esculpidas en piedra. En su nueva etapa la ciencia pudiera expandir sus horizontes para investigar fenómenos que abordan estos temas. Y cuando lo haga, es posible que alcance conocimientos que son de vital interés no sólo para los científicos, sino también para todos los que viven en la tal vez no tan mortal humanidad.

PARTE I

LA EVIDENCIA

La conciencia más allá del cerebro

1

Experiencias Cercanas a la muerte

¿Pudiera existir la conciencia humana en la ausencia de un cerebro viviente? Existe evidencia creíble sobre esta pregunta, que ha sido aportada por personas que han tenido experiencias conscientes mientras su cerebro estaba muerto clínicamente. Estas personas llegaron a la antesala de la muerte, pero regresaron. Sus experiencias conscientes se conocen como ECM: la experiencia cercana a la muerte.

Las ECM indican que una experiencia consciente es posible cuando el cerebro está temporalmente disfuncional. Las disfunciones temporales del cerebro pueden ocurrir en casos de una severa enfermedad o daños cerebrales, pero el paciente se recupera posteriormente. Si el período de tiempo donde no hay funciones cerebrales no excede el umbral crítico —que sólo dura unos segundos— el cerebro puede recuperar sus funciones normales, y la conciencia que estaba anteriormente asociada a ese cerebro puede reaparecer.

La experiencia consciente durante el tiempo que el cerebro está clínicamente muerto es una anomalía. El actual paradigma materialista científico no lo toma en cuenta, donde la experiencia consciente se considera un resultado de las funciones cerebrales. Ese paradigma asegura que cuando esas funciones cesan, la conciencia que ellas han producido cesa también.

Sin embargo, la evidencia que aportan casos documentados de ECM muestra que la conciencia no siempre cesa cuando el cerebro está muerto clínicamente. Durante este período crítico no siempre se experimenta una experiencia consciente, pero los recuerdos ocurren con una frecuencia significativa: en algunos estudios es el 25 por ciento de los casos. Además, el recuerdo es en muchos casos verídico: incluye cosas y sucesos que una persona con funciones cerebrales normales pudiera haber experimentado en un momento y lugar específicos.

En los últimos 40 años se ha visto una fascinación creciente con las ECM. Numerosos sobrevivientes de paros cardíacos, accidentes automovilísticos y serias enfermedades han reportado experiencias conscientes. No existía un nombre ampliamente conocido para clasificar estas experiencias ni tampoco un libro moderno al respecto, hasta que Raymond Moody publicó su *Vida después de la vida* en 1975 y sugirió el término "experiencia cercana a la muerte" como su nombre genérico. Moody acumuló una gran colección de relatos de primera mano obtenidos de personas que regresaron de un estado cercano a la muerte y quedó impresionado con la consistencia de los informes. Notó que tales experiencias incluían varias características distintivas a las que llamó "rasgos". Los rasgos básicos son: la sensación de estar muerto, sin dolor y en paz, la experiencia extra corporal*, la experiencia de túnel, encuentros con familiares y otras personas del entorno conocido, un rápido ascenso al cielo, renuencia al regreso, un repaso de la vida que termina y el encuentro con un ser de luz.

Los relatos sobre tales experiencias se pueden encontrar a lo largo de la historia. Uno de los recuentos más antiguos de experiencias cercanas a la muerte la describe Platón en el Décimo Libro de la *República,* escrito alrededor de 420 a.C. Platón describe la experiencia de Er, un soldado de Panfilia que murió durante una batalla. Su cuerpo fue devuelto a su

*En una experiencia fuera del cuerpo, la persona tiene percepciones reales desde una posición ubicada fuera y encima de su cuerpo

pueblo natal para que lo incineraran. Sus familiares notaron que aún después de 10 días el cuerpo no mostraba señales de deterioro. A pesar de ello, dos días después se llevó a cabo la ceremonia. Cuando el cuerpo fue colocado sobre la pira funeral, Er revivió repentinamente y en estado de excitación dijo a los presentes que había visto "el mundo del más allá". Platón escribió:

> Dijo que cuando su alma salió del cuerpo, anduvo caminando con una gran multitud, y que llegaron a una misteriosa región en la que había dos aberturas, una al lado de otra en la tierra, y, por encima de éstas y frente a ellas, otras dos en el cielo, y que en medio estaban sentados unos jueces que después de cada sentencia decían a los buenos que marcharan a la derecha y por la abertura del cielo con la sentencia que sobre ellos había recaído escrita en la frente, y que los injustos seguían el camino hacia la izquierda y abajo, llevando también ellos las señales de la suerte que les había caído. Y que cuando él se acercó ellos le dijeron que él tenía que ser el mensajero que le contaría a la humanidad sobre la existencia de ese otro mundo y le encargaron escuchar y observar todo en ese lugar.[1]

Platón describió como Er viajó y llegó a un lugar donde se encontró con entidades incorpóreas que lo estaban juzgando. Er dijo que había muchos más además de él ("una gran comitiva"). Después del juicio, por razones desconocidas, se le comunicó a Er que debía regresar e informar a los vivos sobre lo que había visto.

En años recientes la ECM ha estado sujeta a monitoreo y valoración científica rigurosos. Michael Sabom, un cardiólogo especializado en la resucitación de víctimas de paros cardíacos, examinó los casos que él trató para ver la recurrencia de los rasgos básicos de la ECM. Halló que de 78 pacientes que entrevistó, 34 (43 por ciento) reportaron una ECM, y de ellos 92 por ciento experimentó una sensación de estar muertos, 53 por ciento la experiencia extracorporal, 53 por ciento una elevación al cielo, 48 por ciento vio un ser de luz y el 23 por ciento tuvo una experiencia de túnel. Todos los pacientes que tuvieron una ECM dijeron que no querían regresar.[2]

El interés actual en la ECM se incrementó con un estudio clínico llevado a cabo hace más de dos décadas por el cardiólogo holandés Pim van Lommel. Van Lommel realizó entrevistas estándares a sobrevivientes de paros cardiacos a pocos días de la resucitación. Les preguntó si podían recordar ese período de inconsciencia y qué recordaban de él. Registró las experiencias de los pacientes de acuerdo con un índice ponderado. Van Lommel halló que 282 de los 344 pacientes no recordaban el período del paro cardíaco, pero 62 dijeron tener algún recuerdo de lo que ocurrió mientras estaban clínicamente muertos, y de ellos 41 experimentaron una "profunda" ECM. La mitad de los pacientes que tuvieron una ECM sabían que estaban muertos y sintieron emociones positivas. De ellos, el 30 por ciento tuvo una experiencia de túnel, vieron un paisaje celestial o se encontraron con personas ya fallecidas. Un cuarto de ellas tuvo una experiencia extracorporal, se comunicaron con "la luz" o vieron colores. El 13 por ciento hizo un repaso de su vida y el 8 por ciento percibió la presencia de una frontera.[3]

Un estudio de Bruce Greyson en Estados Unidos incluyó a 116 sobrevivientes de paros cardíacos. Dieciocho de los pacientes reportaron recuerdos del período del paro cardíaco. De ellos, siete se refirieron a una experiencia superficial y 11 tuvieron una profunda ECM. Greyson concluyó que un claro aparato sensorial y un complejo proceso perceptual durante un período de aparente muerte clínica desafían el concepto de que la conciencia está localizada exclusivamente en el cerebro.[4] Los investigadores británicos Sam Parnia y Peter Fenwick estuvieron de acuerdo. La información sugiere, según escribieron, que las experiencias cercanas a la muerte se presentan durante períodos de inconciencia. Esto es sorprendente, porque cuando el cerebro es tan disfuncional que el paciente está en un estado de coma profundo, las estructuras cerebrales que apoyan la experiencia subjetiva y la memoria debieran estar severamente dañadas. Experiencias complejas no deberían manifestarse o estar guardadas en la memoria.[5]

UNA MUESTRA DE CASOS DOCUMENTADOS DE ECM

Una amplia variedad de casos atestiguan la presencia de la conciencia durante un período cuando el cerebro del sujeto está clínicamente muerto. Un caso extraordinario se reportó en agosto de 2003. La prensa británica despertó de su letargo de fines del verano con una "noticia de última hora". Se trataba de los resultados inesperados de experimentos que estaba llevando a cabo en ratas el doctor Jimo Borjigin, de la Universidad de Michigan, junto a un equipo de investigadores y cuyos resultados se publicaron en el *Journal of the Proceedings of the National Academy of Sciences* [Journal de las Actas de la Academia Nacional de las Ciencias].

"Este estudio, realizado con animales, es el primero que trata lo que sucede en el estado neuropsicológico de un cerebro que está muriendo", dijo el Dr. Borjigin, autor principal del estudio. "Dedujimos que si la experiencia cercana a la muerte se genera de la actividad cerebral, las correlaciones neuronales deben ser identificables en seres humanos o animales, aún después que cese el flujo sanguíneo cerebral."[6]

El equipo de Borjigin anestesió cada rata y, con métodos artificiales, se les detuvo el corazón. Llegado ese punto, el cerebro de la rata no tenía flujo sanguíneo, lo que significa que no hay acceso al oxígeno. Para que un cerebro funcione necesita energía, la energía que aporta el oxígeno que viaja en la sangre. Aun así, resultaba claro por los resultados que no sólo había actividad cerebral donde no se esperaba, sino que además había mayor actividad que en un cerebro normal despierto. Al parecer, el cerebro procesa información y pudiera estar enviando sensaciones a la conciencia.

Un antiguo informe de ECM en humanos se refiere a una experiencia que ocurrió en noviembre de 1669 en Newcastle upon Tyne, en el noreste de Inglaterra (o, en algunas reseñas, en el sur de Gales). El informe está en un panfleto religioso escrito por el Dr. Henry Atherton y publicado en Londres en 1680. Anna, la hermana de Atherton, de 14 años de edad, había estado enferma por algún tiempo y se pensó que finalmente había muerto. La mujer que la atendía usó el único método disponible en esa época para corroborar la muerte: colocar un espejo cerca de la boca y la nariz. No había señal de respiración. Entonces le colocaron pedazos de carbón encendidos en los pies y no hubo reacción. Estaba ciertamente en un estado que hoy llamaríamos "muerte clínica". Sin embargo, la muchacha se recuperó más tarde y describió cómo había visitado el cielo y había sido guiada por un ángel, que le mostró:

> "cosas espléndidas e inenarrables, como santos y ángeles, todos con vestimentas magníficas". Escuchó "Aleluyas e himnos divinos incomparables". No se le permitió entrar al Cielo sino que el ángel le dijo que ella "tenía que regresar de nuevo por un tiempo y despedirse de sus amigos, y poco después se le permitiría la entrada".

Como le predijo su "Ángel," Anna falleció cuatro años más tarde y, de acuerdo con el panfleto, partió "con gran seguridad de la felicidad que le esperaba."[7]

Mientras se encontraba en su estado cercano a la muerte, Anna dijo que vio personas que había conocido y que ya estaban muertas. Había un individuo el cual, hasta donde Atherton conocía, estaba vivo. Sin embargo, poco después se descubrió que esa persona había fallecido unas pocas semanas antes.[8]

El estudio sistemático más antiguo que se conozca sobre experiencias en las cuales un individuo ha estado cerca de la muerte y sobrevive fue realizado por el geólogo suizo Albert Heim en los años 1870. Como alpinista entusiasta que era, Heim había escuchado historias extrañas de estados de conciencia que se experimentaban cuando ocurría un accidente escalando una montaña. Su interés se estimuló con un roce que tuvo con la muerte en 1871 cuando cayó por un precipicio de 70 pies en los Alpes. Contó que en cuanto se dio cuenta de lo que estaba ocurriendo el tiempo comenzó a detenerse y entró en un estado alterado de conciencia que describió de la siguiente forma:

> La actividad mental se volvió enorme, se elevó a una velocidad cien veces mayor... Vi mi vida pasada reflejarse en muchas imágenes, como si estuvieran en un escenario a cierta distancia de mí... Todo se transfiguró en una luz divina, sin ansiedad y sin dolor... Pensamientos elevados y armoniosos dominaban y unían las imágenes individuales y, como una música magnífica, una calma divina inundó mi alma.[9]

Esa experiencia fue percibida con gran detalle, aunque parece haber ocurrido en un microsegundo del tiempo real:

> Me vi como un niño de siete años que va a la escuela y después en el aula de cuarto grado con mi querida maestra Weisz. Representé mi vida como si estuviese en un escenario al que miraba desde la galería más alta del teatro.[10]

En un intervalo de tiempo de unos tres segundos, Heim había hecho un repaso de su vida.

Un caso célebre y el caso de una celebridad

Tras la publicación en 1975 de Vida después de la vida, de Moody, creció el interés en las experiencias cercanas a la muerte y se reportaron muchos casos. Uno de los más célebres fue el que ocurrió en abril de 1977 en el Centro Médico Harborview de Seattle, en el estado de Washington.[11] A una trabajadora social, Kimberly Clark, se le había pedido que atendiera a una trabajadora inmigrante cuyo nombre era María, que había sufrido dos paros cardíacos, el segundo de ellos en el hospital mientras se recuperaba del primero. Con la ayuda de personal especializado María fue resucitada con éxito.

María estaba totalmente consciente cuando Clark entró en su habitación. Ciertamente parecía estar alterada. En un inglés entrecortado pero preciso María explicó que había experimentado una serie de sensaciones extrañas mientras estuvo inconsciente. Describió como había sido testigo de su propia resucitación desde un lugar fuera de su cuerpo y por encima de este, viendo los papeles que imprimían las máquinas de monitoreo que medían sus signos vitales. Fue entonces que algo le llamó la atención afuera. Desde su nueva ubicación cerca del techo podía ver por encima del dosel de la entrada del hospital y al hacerlo notó algo extraño. Decidió investigar. Por decisión propia se vio flotando en el aire fuera del edificio.

En la medida en que María aceptaba lo que estaba pasando descubrió que podía moverse y mirar por los alrededores. Notó que el objeto misterioso estaba ubicado en la repisa de una ventana en el tercer piso, en el lado más lejano del hospital. De nuevo y por fuerza de voluntad supo que podía proyectarse a través del espacio para colocarse junto al objeto. Para su gran sorpresa descubrió que lo que le había llamado la atención era el zapato tenis de un hombre, específicamente el del pie izquierdo, de color azul oscuro con un parche gastado sobre el dedo pequeño y un cordón que llevaba metido debajo del talón. Con esa imagen en su mente regresó de nuevo a su cuerpo cuando el equipo de emergencias le devolvió la vida.

Kimberly estaba fascinada con el cuento de María e intentó ver si María realmente había visto algo que existía fuera de su imaginación. Salió fuera del hospital pero no pudo ver nada al nivel del piso. Entonces regresó al edificio y comenzó a buscar salón por salón en el piso ubicado encima de donde ocurrió la resucitación de María. Kimberly no pudo ver nada, incluso cuando colocó la cabeza contra la ventana para ver mejor. Finalmente, y para su gran sorpresa, halló el zapato. Entró en un salón del tercer piso en el ala norte y lo vio, aunque desde su punto de observación dentro del hospital no podía ver la parte del dedo gastado y el cordón metido dentro. Un poco después Clark pudo recuperar el zapato y confirmó que, en realidad, la parte sobre el dedo estaba gastada como María la describió. Lógicamente, la prueba de que el cordón había estado "metido en el zapato" pudo haber desaparecido en cuanto movieron el zapato tenis.

En agosto de 1991 se reportó otro caso. Esta vez los profesionales de la medicina no solo fueron testigos de las circunstancias que rodearon esta experiencia, sino que además crearon expresamente las condiciones psicológicas extremas que la facilitaron.[12]

La popular cantante Pam Reynolds, de 35 años, había sufrido un aneurisma de la arteria basilar. Se le había desarrollado una obstrucción en una gran arteria en la base del cerebro, que se le llenaba de sangre y se extendía como un globo. Existía el peligro de que se rompiera, lo que le hubiese causado la muerte. Era necesario tomar medidas inmediatas. Sin embargo, la ubicación del aneurisma era extremadamente complicada.

Para poder despejar quirúrgicamente la obstrucción había que primero detener el flujo sanguíneo a la arteria. Entonces los cirujanos iban a poder abrirle el cráneo, limpiar la obstrucción y realizar las reparaciones necesarias en la arteria y el tejido anexo. Este proceso debería tomar al menos una hora para completarlo exitosamente. Pero se sabe que cualquier interrupción del flujo sanguíneo al cerebro por más de unos cuantos minutos pudiera tener consecuencias letales. Un método desarrollado recientemente, conocido como "standby", ofrece una solución a los médicos. Con "standby" se le aplica al paciente anestesia general. Cuando esta ha hecho efecto, se enfría el cuerpo del paciente lentamente hasta el punto de llevarlo a una forma de animación suspendida. Es entonces que se detiene el corazón del paciente, se le drena la sangre de la cabeza y todas las funciones cerebrales se interrumpen. El paciente "muere": el electroencefalograma no muestra ninguna actividad eléctrica. El cerebro del paciente, en efecto, está muerto.

La operación de Pam Reynolds resultó un éxito y Pam vivió 19 años más. Sin embargo, tuvo una experiencia cuando su actividad cerebral fue reducida a cero. Cuando su cerebro regresó a su funciones normales ella describió detalladamente lo que había ocurrido en el salón de operaciones, incluida la música que se estaba escuchando (*Hotel* California, de The Eagles). Describió una serie de conversaciones que ocurrieron. Relató que vio cómo el cirujano le abría el cráneo mientras estaba ubicada encima de él y describió el aparato quirúrgico que se usó para cortar el hueso llamado "Midas Rex" y el sonido peculiar que éste producía. Pero durante todo ese tiempo Pam tenía colocados sobre los oídos unos pequeños altoparlantes especiales para aislar cualquier sonido externo. Esos dispositivos iban transmitiendo clics sonoros que se usaban para confirmar que no había actividad cerebral. Pam no debió escuchar nada. Es más, se le había aplicado anestesia general y debía estar en un estado total de inconsciencia.

Cuando escuchó que se activó la sierra para cortar el hueso, a unos 90 minutos de haber comenzado el proceso, Pam vio su cuerpo desde afuera y sintió que la empujaban hacia un túnel de luz. Al final del túnel vio a su abuela, que había fallecido, y a otros familiares muertos. Fue entonces que un tío le dijo que tenía que regresar. Sintió cómo él la empujaba de nuevo dentro de su cuerpo y describió esa experiencia de la entrada "como si te sumergieras en una piscina de agua helada... Me dolió".[13]

El caso de Will Murtha

Un caso relativamente reciente de ECM tiene que ver con un joven llamado Will Murtha. En el otoño de 1999 decidió que iba a dar un paseo en bicicleta a lo largo del rompeolas cerca de su casa en Dawlish, en la costa sur de Inglaterra. La marea estaba extremadamente alta esa tarde y el clima estaba borrascoso. Las olas rompían contra el muro a intervalos regulares. De pronto una gran ola lo lanzó de su bicicleta. Se pudo levantar, pero una segunda ola vino y lo arrastró al mar.

Después de unos cuantos segundos, Will se las arregló para salir a la superficie. Era un buen nadador y, como deportista semiprofesional, era un joven fuerte. Sin embargo, cuando vio lo alto que era el rompeolas se dio cuenta de que no iba a ser fácil salir del agua. Entonces notó que la marea lo arrastraba mar afuera, hacia las profundas aguas del estuario del río Exe. La noche estaba cayendo y no se veía a nadie. Las luces de Dawlish parpadeaban, pero nadie estaba observando el mar. Will sabía que estaba en apuros. Comenzó a pedir ayuda a gritos, pero nadie lo escuchaba. Comenzó a sentir que el frío de las heladas aguas se iba apoderando de él. Podía mantenerse a flote hasta que se le acabaran las fuerzas, pero no podía detener la hipotermia. Sintió cómo el intenso frío se le iba adentrando en el cuerpo. Se dio cuenta de que su cuerpo se iba apagando. Se estaba muriendo.

Fue entonces que una sensación intensa de paz se apoderó de él. Miró al cielo y vio un grupo de gaviotas que volaban en círculos sobre él. Se dio cuenta que él era parte de ellas y ellas parte de él. Entonces miró al rompeolas que cada vez se alejaba más y supo que eso también era parte de él. Se dio cuenta que todo estaba relacionado, como una conciencia única. Entonces se produjo un destello de luz, y el mar y el frío desaparecieron.

Se vio corriendo por un camino del este de Londres. Era un caluroso día de verano y no le prestaba atención a nadie ni a nada. Era un niño de nuevo. Por un segundo se sintió confundido y de pronto sintió un chillido de frenos. Alzó la vista y vio la parte delantera de un automóvil moviéndose hacia él a gran velocidad. No le daba tiempo a quitarse del camino. Miró al conductor y vio la cara de una mujer joven que lo contemplaba con horror. Escuchó un golpe seco y todo oscureció.

Se vio entonces en el corredor de su casa en Dawlish. Le llevó tiempo darse cuenta de que estaba flotando cerca del techo. Alguien tocó a la puerta. Vio a su esposa y a sus hijas caminar por el corredor y abrir la puerta. Era un policía. Will escuchó atentamente mientras el policía explicaba que un cuerpo había sido arrastrado por las aguas la playa de Dawlish y que las autoridades sospechaban que era el cadáver del señor William Murtha.

La escena se esfumó y se vio de nuevo el agua esperando la muerte. Había experimentado un retroceso a su infancia cuando fue atropellado por un automóvil. Había olvidado los detalles, pero ahora revivió el suceso minuciosamente. También compartió el horror y la culpabilidad de la mujer que lo atropelló. Supo por qué ella no había parado a tiempo. Había notado una arruga en sus medias y estaba distraída. Se dio cuenta de que había visto el futuro, o un futuro posible si no podía salir del agua pronto.

Por fortuna, Will Murtha fue visto esa noche por alguien que observaba con un telescopio. Lo sacaron del agua con costillas rotas y un serio caso de hipotermia. Pero sobrevivió. El policía no tocó a la puerta de su casa para dar la noticia de su muerte.[14]

Los informes de la enfermera Penny Sartori

En el invierno del año 2006 se publicó un artículo en el *Journal of Near-Death Studies,* la edición periódica adjunta a la Asociación Internacional de Estudios sobre Casos Cercanos a la Muerte (International Association of Near-Death Studies, en inglés). Se titulaba "Estudio sobre una posible experiencia cercana la muerte con percepciones extracorporales corroboradas y una cura inesperada". Era un repaso de la evidencia de que durante experiencias cercanas a la muerte en paros cardíacos estimulados, algunos sujetos reportan haberse salido de sus cuerpos y, durante ese estado, han podido observar lo que ocurre a su alrededor. Normalmente el punto de observación se ubica cerca del techo en el salón de operaciones. La autora principal de este artículo era Penny Sartori, una joven enfermera que durante su primera noche en la sala del hospital conoció a un paciente que, justo antes de morir, estaba viendo a su madre. Con un doctorado en estudios sobre casos cercanos a la muerte, Penny estaba ansiosa por poner a prueba la naturaleza verídica del estado extra corporal así como los aspectos curativos de una experiencia tal.

Varios pacientes que sobrevivieron ECM reportaron a Penny sus experiencias. En una ocasión una mujer perdió el conocimiento después de una operación. Penny estaba con ella cuando la paciente despertó. La mujer describió que había visto a su madre ya fallecida en un túnel de luz. Se le dijo que aún no era su momento y que tenía que regresar. Otra mujer que se recuperaba de un ataque de asma muy peligroso le dijo a la joven enfermera que durante el incidente había sentido una gran sensación de calma y paz y después se vio flotando sobre su cuerpo, que yacía en la cama. Entonces comenzó a flotar por la habitación hacia un armario que había en la esquina. Mientras pasaba por encima del armario notó una trampa para ratones. Lo próximo que recuerda es que se vio flotando hacia una luz blanca y brillante. Dentro de la luz podía ver figuras moviéndose que le comunicaban que debía regresar. Cuando recuperó el conocimiento le informó a la enfermera sobre la trampa para ratones encima del armario. Se llamó a un asistente, que vino con una escalera y al inspeccionar la parte superior del mueble, pudo corroborar que en efecto había una trampa para ratones allí, pero que estaba totalmente oculta a la vista de una persona de tamaño normal.[15]

Por un período de cinco años Penny llevó a cabo un estudio prospectivo en la Unidad de Terapia Intensiva del Morriston Hospital, en Swansea, Gales del Sur. Colocó símbolos ocultos encima del monitor cardíaco que estaba en la pared junto a la cama de cada paciente. Quedaban a una altura por encima de la cabeza, por lo que ningún paciente podía verlos mientras estaba acostado o, incluso, parado. Para estar segura de que los símbolos sólo podían verse desde arriba, los escondía detrás de los monitores. Un caso específico fue el de un hombre de 60 años que se estaba recuperando de complicaciones de una cirugía por cáncer intestinal. Poco después de la operación el paciente comenzó a padecer de septicemia e insuficiencia multiorgánica, pero al parecer se estaba recuperando. Estaba sentado en una silla junto a su cama cuando una enfermera notó que estaba un poco alterado. Fue en ese momento que pidieron la ayuda de Penny. En su artículo ella describe lo que hizo:

> La autora principal [del libro, Penny Sartori] suministró ventilación manual al paciente con 100 por ciento de oxígeno, que se administró con una bolsa Ambu, lo que ayudó a corregir la caída en el nivel de oxígeno. Aunque su oxigenación se mantenía estable por encima de 94 por ciento, la presión arterial del paciente cayó a 85/50 milimilímetros, la piel se le puso muy húmeda y su condición comenzó a deteriorarse rápidamente. Se produjo un breve episodio de taquicardia supraventricular, que se revirtió espontáneamente sin ningún tipo de medicamento... Cuando se le colocó en la cama ya estaba totalmente inconsciente, tenía los ojos cerrados y no respondía a órdenes verbales o a estímulos de dolor profundo.[16]

Todo esto preocupó mucho a la fisioterapista que había persuadido al paciente para que se levantara de la cama y se sentara en una silla. Penny escribió que la terapista se paró afuera de las cortinas de la cama, nerviosa y vigilando a intervalos al paciente.[17] Cuando se estabilizó la condición del paciente, se dieron cuenta que se había estado babeando. Una enfermera lo limpió, primero usando un largo catéter de succión y después una esponja oral rosada empapada en agua. Por treinta minutos el paciente no mostró señales de lucidez y le tomó tres horas para recuperar completamente la conciencia.

Sin embargo, cuando lo hizo, estaba en estado de excitación. No podía hablar porque todavía estaba conectado al respirador, por lo que la fisioterapista le dio un tablero de letras. Lo que escribió impactó a todos los presentes, incluyendo un grupo de doctores y enfermeras. "Morí y lo vi todo desde arriba". Desafortunadamente, a Penny la habían llamado a otra sala, pero cuando el paciente ya se había recuperado Penny lo entrevistó. Esto fue lo que contó:

> Todo lo que puedo recordar es que estaba mirando hacia arriba en el aire y que flotaba en una habitación de un color rosa brillante. No podía ver nada. Sólo que iba hacia arriba y no sentía ningún tipo de dolor. Miré por segunda vez y pude ver a mi padre y a mi suegra parados junto a un caballero de pelo largo y negro que necesitaba peinarse. Vi a mi padre —definitivamente— y vi a este tipo. No sé quién era, tal vez Jesús, pero ese tipo tenía el pelo largo, negro, que necesitaba peinarse. Lo único agradable en él era que sus ojos te atraían. Los ojos eran penetrantes; eran sus ojos. Cuando miré a mi padre, me observaba con los mismos ojos, como si pudiera verlos a los dos al mismo tiempo. Y yo no sentía ningún tipo de dolor. Mi padre y yo hablamos, pero no nos comunicamos con palabras sino de otra forma. No me pregunten qué era, pero estábamos realmente hablando. Hablaba con mi padre... no a través de palabras que salían de la boca, sino a través de mi mente...[18]
>
> Podía ver a todos en estado de pánico alrededor mío. La terapista rubia entró en pánico. Estaba nerviosa porque fue la que me puso en la silla. Se escondió detrás de las cortinas, pero seguía asomando la cabeza de vez en cuando para vigilarme. También pude ver a Penny, que es una enfermera. Estaba sacándome algo de la boca que parecía a un chupete largo y rosado, como una cosa larga y rosada en un palo. Ni siquiera sé de qué se trataba.[19]

Al paciente se le dijo entonces que tenía que regresar porque "aún no estaba preparado".

El regreso de Amanda Cable

Un reporte aún más reciente contiene muchas de las cáracterísticas de Moody, pero con un elemento curioso. Apareció en el periódico inglés Daily Mail en noviembre de 2012 escrito por la periodista

Amanda Cable. Ella describió cómo el miércoles 4 de septiembre de 2003 fue llevada de urgencia al hospital con un inesperado embarazo ectópico (es decir, que el bebé estaba creciendo en una de las trompas de Falopio). Cuando llegó al hospital se descubrió que estaba sufriendo de una hemorragia interna. Le dieron morfina y la llevaron a una sala en los pisos superiores para que pasara la noche. A las 3:30 a.m. de la mañana siguiente se despertó con un dolor agudo. Un doctor se dio cuenta rápidamente de que algo andaba muy mal. Amanda perdía el conocimiento a ratos. Entonces relató:

> Sentí que todo mi cuerpo era succionado por una luz blanca que venía de arriba. Me vi en un túnel blanco y entonces supe que había muerto. Aparte de las palabrotas de los médicos y los ruidos de las máquinas, había una maravillosa sensación de calma. En vez de un dolor terrible, me sentí ligera y con la mente clara. Sabía lo que estaba pasando, pero no sentía miedo. Sabía que me iba a unir a mis seres queridos que ya estaban en el otro lado. Fue un acto de aceptación tranquilo y acogedor. Pero también me di cuenta de que había alguien parado a unos pocos pies de mí. Me di vuelta esperando ver a mi abuela, que había muerto unos años antes.[20]

Sin embargo, Amanda percibió que junto a ella no estaba su abuela, sino su hija Ruby, de cinco años. Exactamente ese día Ruby debía comenzar la escuela. La noche anterior Amanda había estado angustiada porque su crisis de salud le iba a impedir disfrutar de un día tan especial para su hija. Con lágrimas en los ojos envió a casa a su esposo Ray con instrucciones estrictas de que bajo ninguna circunstancia se arruinara el primer día de escuela de Ruby y de que él se iba a cerciorarse de que el uniforme y el pelo de la niña iban a estar en perfectas condiciones. Pero ahí estaba Ruby haciendo el papel de "ser de luz". Estaba parada junto a su madre con su nuevo uniforme escolar y su pelo atado en unos moños perfectos. Amanda relató:

> Estaba complacida, pero algo sorprendida. Nunca la había visto con su uniforme nuevo y ella nunca me había dejado hacerle moños. Me sonrió y me tomó la mano. "Ven conmigo mamá", me rogó. La seguí por el túnel blanco. Se volteaba a cada rato para ver si yo estaba detrás de ella. "Apúrate mamá", me urgió. Al final había una puerta. Me detuve sintiendo el deseo de regresar por el túnel donde estaba segura de que mi querida abuela y otros familiares ya fallecidos estarían esperando para recibirme. Pero Ruby insistía. "¡Mamá, pasa por la puerta AHORA!". Su urgencia me trajo a la realidad. Pasé por la puerta y Ruby la cerró tras de mí.[21]

Lo próximo que Amanda recuerda es que despertó en cuidados intensivos. Aún estaba muy enferma, pero su experiencia la había convencido de que iba a sobrevivir, como ocurrió. Unas pocas horas después Ray llegó con una foto que le tomaron a Ruby en la puerta de la escuela. Allí estaba con su uniforme escolar. Fue entonces que Amanda se fijó en el pelo de su hija. Obviamente la niña había permitido que por primera vez su padre le arreglara el pelo en un estilo más antiguo y menos atractivo. La niña de la foto era la imagen idéntica de la que le había insistido a Amanda que no cruzara el umbral hacia el mundo sin retorno.

LA ECM: QUÉ NOS REVELA LA EVIDENCIA

La gran variedad y frecuencia de las experiencias conscientes durante períodos cuando el cerebro está clínicamente muerto sugiere que la conciencia puede persistir en la ausencia temporal de la función cerebral.

Hay muchas objeciones a esta idea, y algunas parecen ser correctas. Ocurre que, por ejemplo, que la "experiencia de túnel" y la aparición de una luz brillante al final de él pudiera ser el resultado de una abrupta descarga de sangre al cerebro. Como en otros casos, Borjigin ya citó experimentos que han mostrado que esto ocurre cuando el organismo entra en una fase crítica cercana a la muerte. Sin embargo, la percepción exacta de la ECM en muchos casos no tiene una explicación. Tal percepción ocurre en la ausencia de una actividad cerebral medible, y aún así se iguala (e incluso excede) la claridad de la percepción que el sujeto hubiese tenido en un estado normal de conciencia.

Las ECM no ocurren en todos los casos cuando los individuos que estaban en el umbral de la muerte regresan a la vida. Pero esta no es una objeción seria. Primero, porque las ECM no ocurren en un número significativo de casos: por ejemplo, como hemos visto, van Lommel reportó que 62 de sus 282 pacientes en su Estudio exploratorio holandés reportaron una ECM. Segundo, porque el reporte de una experiencia cercana a la muerte es el recuerdo de las experiencias pasadas de un individuo y tal recuerdo no ocurre en todos los casos. Incluso las experiencias vívidas pueden olvidarse o ser recordadas solamente en estados alterados de conciencia.

El hecho significativo de la ECM es que esa experiencia consciente ocurre en momentos en que el cerebro está clínicamente muerto. Esto ha sido documentado suficientemente y puede considerarse más allá de toda duda razonable.

2

Apariciones y comunicación después de la muerte

La ECM nos indica que puede ocurrir una experiencia consciente mientras el cerebro está clínicamente muerto. La evidencia en ese sentido es sólida porque nos llega en informes de primera mano de personas que han tenido tales experiencias. La pregunta que ahora hacemos es si la conciencia puede persistir también cuando el cerebro está total y permanentemente incapacitado. ¿Puede la conciencia existir más allá de la muerte?

Los informes en este calificador son esencialmente menos sólidos que los provenientes de las ECM porque no son los sujetos quienes reportas sus propias experiencias, sino que son reportes de otra persona —al parecer, la conciencia o el "fantasma" de una persona— que ya no está viva. Estas experiencias caen, por una lado, bajo el título de apariciones y visiones y, por otro, bajo comunicaciones después de la muerte, un término popularizado por Bill y Judy Guggenheim en su libro *Hello from Heaven* (Saludos desde el cielo).

Apariciones, visiones y visitas al lecho de muerte están muy difundidas. Seres incorpóreos aparecen de pronto y se comunican con los vivos, a veces aportando información que se verifica más tarde. En la mayoría de los casos el aparecido es una persona que murió recientemente, un amigo o familiar. Raymond Moody recolectó numerosos casos de esos "encuentros visionarios con seres amados que han partido".

Los encuentros con los muertos han sido un elemento de la cultura popular durante siglos. Desde la dramática entrada del espectro de Banquo en *Macbeth* hasta las tristemente edulcoradas circunstancias en las que se encuentran los amantes en la película *Ghost: la sombra del amor,* han sido resaltados con regularidad en ficción. Sin embargo, también hay reportes de encuentros con los muertos en los cuales se ha transferido información factual que le es desconocida en ese momento al testigo vivo.

Entre 1959 y 1960 el doctor Karlis Osis llevó a cabo una encuesta enorme en la cual preguntó a miles de profesionales de la salud en todo Estados Unidos sobre las visiones en el lecho de muerte de sus pacientes.[1] Osis recibió 640 respuestas basadas en la observación de 35 000 pacientes moribundos. Tal fue el éxito de este estudio que pronto le siguieron otros. Recientemente la investigadora Emily Williams Kelly reportó que el 41 por ciento de los pacientes moribundos en su estudio relataron una visión en el lecho de muerte.[2]

Aunque este fenómeno se ha conocido por siglos, el primer estudio sistemático fue llevado a cabo por la Sociedad para la Investigación Psíquica (SPR, sigla en inglés) en 1882. Los resultados se publicaron dos años después en el Volumen X de la *SPR Proceedings.* A este estudio le siguió una investigación similar en Estados Unidos y otra del astrónomo francés Camille Flammarion. En 1925 Flammarion publicó un trabajo de una enorme influencia titulado *Death and Its Mystery* (La muerte y su misterio), en el cual presenta registros de casos de contacto espontáneo con personas muertas.

En mayo de 1988, Bill y Judy Guggenheim crearon el Proyecto comunicación después de la muerte (After-Death Communication Project, en inglés), la primera investigación detallada de este fenómeno. Recogieron más de 3 300 relatos de personas que realmente creían haber sido contactadas por seres queridos que habían muerto. Su libro *Saludos desde el cielo* describe este proyecto y contiene 353 de los relatos más impactantes.

En la mayoría de los casos el contacto es espontáneo, pero también se puede inducir intencionalmente. Los contactos inducidos e incluso la comunicación con los muertos es un fenómeno relativamente reciente. No es igual al contacto y la comunicación a través de un médium, porque la inducción del fenómeno se limita a crear un estado apropiado de conciencia en los propios sujetos que tienen esa experiencia. Una vez que se alcanza ese estado, los sujetos se pueden comunicar por si mismos. El psicoterapeuta Allan Botkin, director del Centro para el Dolor y la Pérdida Traumática, en Libertyville, Illinois, afirma que él y sus colegas habían provocado con éxito la comunicación después de la muerte (CDM) en casi 3 000 pacientes.[3]

Según Botkin, la CDM puede inducirse en el 98 por ciento de las personas que la intentan. Esa experiencia normalmente ocurre en una sesión. Las creencias de los sujetos sobre la comunicación después de la muerte no influyen en los resultados, ya sean religiosos, agnósticos o ateos. Tampoco está limitado a una relación personal con el fallecido. Los veteranos de guerra pueden experimentar contactos con un soldado enemigo al que mataron pero nunca conocieron.

No es necesario que los psicoterapeutas orienten a los sujetos: es suficiente con inducir el requerido estado alterado de conciencia. Después escuchan a los pacientes describir la comunicación con la persona muerta que conocían y cuya partida les ha causado dolor. Los que los escuchan insisten en que la reconexión es real y comunican que pasan de un estado de aflicción a uno de júbilo y alivio.

ALGUNOS CASOS DE APARICIONES ESPONTÁNEAS Y COMUNICACIÓN DESPUÉS DE LA MUERTE

En la década de los años 1840, el interés sobre la posibilidad de que los muertos se comunicaran con los vivos cambió de relatos ambiguos sobre fantasmas y apariciones a un supuesto intento coordinado de los muertos por abrir un canal de comunicación con los vivos.

La nueva fase comenzó en 1848 en una pequeña casa de Hydesville, Nueva York.[4] La familia Fox se había mudado unos años antes a la casa, que ya tenía reputación en la localidad de estar embrujada. Una noche de marzo de ese año, las hijas de la familia, Kate y Margaret, aseguraron haber escuchado ruidos como de golpes, y que ese golpeteo respondía a instrucciones. Por ejemplo, le habían preguntado a la fuente de los sonidos qué edad tenían ellas. Se escuchaba entonces una serie de 12 golpes seguida de 15 sonidos idénticos. El interés fue tal que en pocos días los vecinos estaban todos tratando de escuchar esta maravilla. Muy pronto las jóvenes desarrollaron un código de comunicación, de forma que la entidad pudiera transmitir sus mensajes. Las chicas llamaron al espíritu "Mr. Splitfoot". Más tarde, a través de ese código, el espíritu se identificó como el fantasma de un vendedor ambulante de nombre Charles B. Rosa, quien había sido degollado hacía cinco años en esa casa por un hombre llamado Charles Bell. Los golpes informaron a las muchachas que el cuerpo había sido enterrado a 3 metros de profundidad bajo los paneles del piso en el sótano.

El verano siguiente se excavó en el sótano y se hallaron restos humanos a una profundidad de un metro y medio. Fue un desenlace misterioso, pero ¿era la prueba que un contacto real con los espíritus?[5]

Los sucesos de Hydesville despertaron en el público una fascinación por los fantasmas y los espíritus, que fue alentada por la prensa de entonces con historias sensacionalistas de apariciones y comunicaciones con los muertos. Los escritores también vieron aquí una oportunidad y se escribieron muchos libros de cuentos escalofriantes de horror. Todo eso se expandió a través del Atlántico y a principios de la década de 1880 ya se había creado toda una industria para complacer las necesidades de sensacionalismo del público.

Fue con esa confusión como telón de fondo que Sir William Barrett, profesor de Física del Colegio Real de Ciencia en Dublín, preparó una reunión con científicos, estudiosos y espiritistas para tratar este creciente fenómeno social. El grupo se reunió por primera vez el 5 de febrero de 1882 y tras un complejo y detallado debate, decidieron crear una organización para investigar de forma científica las afirmaciones que se estaban haciendo sobre espiritismo y la supervivencia de la conciencia después de la muerte del cuerpo. Acordaron que la organización se llamaría Sociedad para la Investigación Psíquica (Society for Psychical Research, SPR, en inglés). Unas semanas más tarde, el 20 de febrero de 1882, se constituyó formalmente la sociedad bajo la presidencia de Henry Sidgwick, un profesor de literatura clásica de la Universidad de Cambridge. El Consejo estaba integrado por 18 miembros, incluido el propio Barret, destacados estudiosos de los clásicos como F. W. H. (Frederic William Henry) Myers y Edmund Gurney, el clérigo y famoso espiritista W. Stainton Moses, el francamente escéptico Frank Podmore y otro eminente estudioso de los clásicos llamado W. H. Salter.[6]

El grupo comenzó de inmediato a investigar la evidencia obtenida y, en 1886, se publicó un libro escrito por Gurney, Myers y Podmore. Con el título de *Phantasms of the Living* (Fantasmas de los vivos) este inmenso volumen contiene más de 1.300 casos investigados de visitas después de la muerte, manifestaciones fantasmales y otros fenómenos afines. Muchos de los casos estaban relacionados con lo que se llamó "crisis de apariciones". Para Gurney, Myers y Podmore esa era una evidencia de que había algo más, y llegaron a la conclusión de que era una forma de telepatía.

Posteriormente Eleanor Sidgwick, la esposa del presidente de SPR, Henry Sidgwick, diseñó un cuestionario que se distribuyó entre 17 000 personas. En él se preguntaba si, mientras estaban despiertos, los participantes habían escuchado alguna vez una voz que no pertenecía al mundo material, visto una aparición de alguien que había muerto o percibido cualquier sensación que no pareciera tener una causa física. Los resultados mostraron que 1 684 personas habían experimentado al menos una de esas sensaciones. De ellas, 300 estaba relacionadas con apariciones de individuos que habían fallecido. Lo que más le interesó a la SPR fue que de esos 300 casos, 800 se vinculaban a una persona que había muerto en las últimas doce horas. Aún de mayor importancia era el hecho de que en 32 de esos incidentes la persona visitada no sabía que el aparecido había muerto.[7]

Apariciones: tres casos

Una mañana temprano, un coronel de la Artillería Real cuyo nombre no se menciona recibió la visita del fantasma de un buen amigo que acababan de matar en Sudáfrica. Durante las primeras horas del 29 de enero de 1881, el coronel se despertó con un sobresalto. Miró por su habitación y en la opaca luz del amanecer vio una figura parada entre su cama y una cómoda. De inmediato reconoció a uno de sus compañeros de armas, el comandante Poole. La figura se veía algo desaliñada y tenía una tupida barba negra. Llevaba el uniforme estándar del ejército británico que se usaba en los climas cálidos, incluyendo una chaqueta kaki y un salacot blanco. Por un par de segundos el coronel se sintió confundido. Ambos habían estado en una misión militar en Irlanda hacía unos años y en su estado semidespierto el coronel pensó que estaba de vuelta en las barracas:

> Dije: "¡Hola Poole! ¿Llegué tarde para el desfile?" Poole me miró fijamente y respondió: "Me dieron un tiro". "Un tiro". Exclamé: "¡Dios mío! ¿Cómo y dónde?" "En los pulmones", respondió Poole, y mientras hablaba su mano derecha se movió lentamente hacia su pecho hasta que sus dedos se apoyaron frente al pulmón derecho.[8]

Poole explicó que su general lo había enviado en las filas de avanzada y entonces apuntó hacia la ventana y desapareció. Luego esa mañana, el coronel perturbado y ansioso, fue a su club de Londres y contó a los otros oficiales lo que le había ocurrido. Al día siguiente leyó en un periódico que el comandante Poole había muerto en la batalla de Laing's Neck, exactamente a la misma hora en que se le apareció en su habitación. Intrigado, el coronel quiso averiguar qué tipo de uniforme llevaba Poole en el momento de su muerte, si tenía barba (algo que no le había visto en los 23 años que fueron amigos) y, por último, la naturaleza de la herida mortal.

Investigaciones posteriores de la Sociedad de para la Investigación Psíquica confirmaron que a Poole le habían dado un tiro en el pulmón derecho, como dijo la aparición. Había sido enviado "de avanzada" por su oficial superior, y tenía una tupida barba.

El elemento más interesante de toda la historia es el uniforme. El Ejército británico había cambiado recientemente, y con cierto apuro, la llamativa guerrera roja por un color kaki menos conspicuo. También se hizo otra innovación que hasta ese momento sólo se usó en el Transvaal: el "Sam Browne", un cinto de piel con una correa de cuero sobre el hombro. Al describir la aparición, el coronel indicó que Poole llevaba una "correa marrón de cuero... cruzada sobre el pecho. Un cinturón de piel marrón, con el sable atado al lado izquierdo y la cartuchera del revólver en el derecho, pasando alrededor de la cintura".[9]

El segundo caso de una aparición lo reportó Eleanor Sidgwick en abril de 1890 a través del señor A. B. Wood. Wood había entrevistado a una mujer llamada Agnes Paquet y posteriormente corroboró los hechos con su esposo, el Sr. Peter Paquet.[10]

Según el reporte de Wood, la señora Paquet se había despertado en su horario normal de las 6:00 a.m. en la mañana del 24 de octubre de 1889. Por alguna razón se sintió muy "triste y deprimida". Más tarde, cuando su esposo se fue el trabajo y sus hijos a la escuela, decidió que tal vez un té fuerte la ayudaría a animarse. Entró en la alacena y fue entonces que vio la imagen de su hermano Edmund frente de ella. Estaba parado dándole la espalda y parecía que estaba en el momento de caer, con dos cuerdas, o un nudo de cuerdas, atado alrededor de las piernas. Más tarde la Sra. Paquet describió a su esposo la siguiente imagen:

> Dije que mi hermano, como lo vi, no llevaba nada en la cabeza, tenía una gruesa camisa azul de marinero, sin chaqueta, y que

cayó por encima de un balaústre o un muro. Noté que las patas de sus pantalones estaban enrolladas lo suficiente como para mostrar el forro blanco de adentro. También describí el aspecto del barco en el punto en que mi hermano cayó por la borda.

A las 10:30 de esa mañana, Peter Paquet recibió en su oficina un telegrama de Chicago. En él se le informaba que su cuñado Edmund Dunn se había ahogado en un accidente cuando trabajaba como bombero en un remolcador llamado *Wolf. A las* 3:00 a.m. de esa mañana se había estrangulado con una cuerda de remolque que había sobre la borda. El señor Paquet fue de inmediato a casa para informar a su esposa sobre las malas nuevas. Sin embargo, decidió darle la noticia lentamente y al llegar le dijo que su hermano estaba enfermo en un hospital de Chicago. Agnes respondió que ya sabía que su hermano estaba muerto y que se había ahogado. Fue entonces que hizo la descripción precisa que se muestra arriba. Incluso describió el aspecto del barco del que cayó Edmund.

Peter Paquet dejó a su esposa en casa y viajó a Chicago para indagar más sobre el incidente. Al llegar a los muelles rápidamente encontró al *Wolf* y se sorprendió al descubrir que su esposa había descrito la parte del navío en la que había ocurrido el accidente con una precisión asombrosa. Ni él ni Agnes habían visto nunca el remolcador, por lo que quedó muy impresionado. Cuando habló con la tripulación le confirmaron que Agnes había descrito perfectamente lo que su hermano llevaba puesto cuando cayó por la borda:

> Dijeron que el Sr. Dunn había comprado un par de pantalones unos días antes del accidente, y como eran un poco largos, y se arrugaban en las rodillas, lo usaba arremangados, mostrando el forro blanco tal como lo vio mi esposa.[11]

Otro miembro de la tripulación confirmó más tarde que Edmund quedó atrapado por la cuerda de remolque de la manera que describió su hermana y que había sido lanzado por la borda.

La descripción de la señora Paquet sobre la imagen de su hermano fue casi holográfica por su calidad. Ella pudo percibir detalles precisos de sus ropas y, lo que es más importante, también vio la cuerda de remolque que le causó la muerte. Hay largas discusiones sobre las ropas en las imágenes de los fantasmas. ¿Si es solo el alma la que retorna, cómo también ropas inanimadas "regresan de la muerte" cuando lo cierto es que nunca estuvieron vivas? Pero aquí tenemos algo más complejo en el que la cuerda de remolque también era parte de la imagen fantasmal. Todo esto sugiere que lo que Anna Paquet vio esa mañana en su alacena no fue un mensajero fantasma con intenciones de comunicar las circunstancias de su muerte, sino alguna forma de imagen grabada que se manifestó dentro del campo visual de la mujer.

El tercer caso de una aparición estaba en la encuesta de Eleanor Sidgwick de 1885. Cuenta el caso de una mujer que estaba en su lecho de muerte. Como era extremadamente organizada, se enfocó en sus negocios. Sin embargo, de pronto se detuvo y anunció que podía escuchar cantos de ángeles. Parecía perpleja. Dijo: "pero es extraño, hay una voz entre ellos, estoy segura de que la conozco, pero no recuerdo quién es", declaró. En ese momento señaló a un punto lejano de la cama y dijo con sorpresa "¿Por qué ella está en la esquina de la habitación? Es Julia X".

Julia "X" era una cantante que había sido contratada por la mujer hacía seis o siete años para trabajar con niños de la localidad. El acuerdo duró una semana y Julia se fue de la zona para casarse. Por eso es que todos se sorprendieron cuando apareció en las alucinaciones de esta mujer al borde de la muerte. Al día siguiente, el 13 de febrero de 1834, la mujer murió. Al otro día, 14 de febrero, apareció un anuncio en el *Times* de Londres diciendo que Julia "X" había fallecido recientemente.[12]

Los casos de Paquet y Julia "X" presentan la evidencia de que una persona viva puede, bajo ciertas circunstancias, percibir información sobre la muerte de otra. En ningún momento durante los encuentros fantasmales entre Agnes y Edmund, las acciones de Edmund sugieren que está alerta o motivado. Hubo un caso, sin embargo, en el cual la información que presentó el difunto fue tan consistente que se llevó a una tribunal de justicia.

El caso Chaffin

Este caso ocurrió en 1925 en Carolina del Norte.[13] El 16 de noviembre de 1905, James Chaffin, de Carolina del Norte preparó un testamento a través del cual disponía de su propiedad, una hacienda de unas 41 hectáreas, que quedaría en manos de su tercer hijo, Marshall. Aunque dos amigos fungieron como testigos, el contenido de este testamento sólo se compartió con Marshall y su esposa Suzie. Al parecer, Chaffin cambió de opinión y en 1919 hizo un segundo testamento, que colocó dentro de la Biblia de la familia. Esta vez pidió que la propiedad se dividiera equitativamente entre los cuatro hijos, con la condición de que todos cuidaran de su madre. No se preocupó por informarle a nadie sobre este segundo testamento, ni tampoco tenía testigos. Sin embargo, estaba escrito con su puño y letra y, de acuerdo con la ley de Carolina del Norte, era válido. El 7 de septiembre de 1921 Chaffin murió después de sufrir una caída cuando tenía unos 70 años de edad.

Como nadie conocía la existencia del segundo testamento, todas las propiedades fueron a parar a manos de su tercer hijo. Fue entonces que comenzaron a pasar cosas curiosas. En 1925, el segundo hijo de Chaffin, James "Pink" Chaffin, comenzó a tener sueños en los que se le aparecía su padre. Al principio se trataba sólo de la imagen del hombre. Sin embargo, en uno de los sueños la imagen de James Chaffin le habló y le dijo "Vas a encontrar mi testamento en el bolsillo de mi sobretodo". Pink averiguó adónde había ido a parar el sobretodo de su padre y descubrió que su madre se lo había dado a su hermano mayor John, que vivía a unos 32 kilómetros de distancia. En julio de 1925, Pink y su hija Estelle, junto a un amigo de la familia, Thomas Blackwelder, condujeron hasta la casa de John Chaffin, le explicaron el sueño y los dos decidieron examinar el abrigo. No había nada en los bolsillos, pero sintieron que había algo en el forro. Cosido a él había una pequeña nota escrita a mano que decía "Lean el capítulo 27 del Génesis en la vieja Biblia de mi padre".

Tras hallar en el segundo piso de la casa la Biblia de su abuelo, una pieza altamente valorada por James Chaffin, que era muy religioso, los hermanos inspeccionaron las páginas del capítulo 27. Las páginas estaban dobladas y dentro de ellas hallaron el testamento de 1919. Es significativo que en el capítulo 27 del Génesis hay una parábola de cómo un hermano engaña otro con su herencia.

Marshall había muerto de problemas cardíacos el 7 de abril de 1922, a menos de un año de fallecer su padre. Su esposa Susie lo había heredado todo. Como era de esperar, ella disputó el segundo testamento. El caso terminó en los tribunales y el testamento de 1919 fue llevado allí. La viuda de Chaffin corroboró que esa era la escritura de su esposo y sus hijos estuvieron de acuerdo. Para sorpresa de todos, Susie aceptó que el escrito era en efecto de su suegro. Al parecer se llegó a un arreglo en el cual Susie compartiría una parte igual a la que le tocaba a la viuda del fallecido Marshall. Se emitió un veredicto que validó el testamento de 1919. Más tarde el segundo hijo escribió:

> Muchos de mis amigos no creen que es posible que los vivos se puedan comunicar con los muertos, pero estoy convencido de que mi padre realmente se me apareció... Y lo voy a creer hasta el día de mi muerte.[14]

Aproximadamente un año después, la Sociedad para la Investigación Psíquica promovió un estudio de esta aparente prueba poderosa de sobrevivencia post mórtem. En 1927, después de una exhaustiva investigación, el abogado de la localidad empleado por la SPR les escribió a Londres confirmando que el testamento era legítimo y que el relato, aunque parecía improbable, era cierto. Sin embargo, el miembro honorario de la SPR, W. H. Salter, no estaba convencido. Creía que el hermano mayor, John, con la ayuda del tercer hermano, Abner, falsificó el testamento y ambos llevaron a Pink a creer que había visto el fantasma de su padre. Salter insinuó que John había entrado sigilosamente en la habitación de Pink llevando puesto el sobretodo su padre. Desde entonces se ha escrito en varias ocasiones sobre este incidente y se mantiene como uno de los casos de sobrevivencia después de la muerte más enigmático y sólido que se haya registrado.

Casos de visiones en el lecho de muerte y visitaciones

Como ya se ha mencionado, Penny Sartori es reconocida como una de las investigadoras más importantes sobre experiencias cercanas a la muerte. Cuando estaba en su período de entrenamiento como enfermera, y al comienzo de su primera guardia nocturna, uno de sus colegas le informó que uno de los pacientes iba a morir en las próximas dos o tres horas. Penny quedó sorprendida con la certeza de la afirmación y le preguntó a su colega por qué estaba segura de que ese era el caso. "Porque está hablando con su madre muerta", fue la respuesta. Durante la siguiente hora Penny observó al hombre ocasionalmente, y cada vez lo vio mirando fijamente un punto de la habitación observando algo que sólo él podía ver. Estaba murmurando algo mientras conversaba con alguien. Se le veía feliz y de buen ánimo. Como se predijo, el paciente murió aquella noche.

Esta iniciación en los cuidados de casos terminales fue tan intensa que a través de los años Penny se dedicó a observar de cerca las expresiones faciales y el comportamiento general de los pacientes cercanos a la muerte. Algunos gesticulaban a alguien que no se podía ver, o de pronto una mirada de reconocimiento podía aparecer en la cara del moribundo, como si estuviese viendo a un ser querido que perdió hacía mucho tiempo. Lo que Penny observó no era nada nuevo.

Esas cosas ya se habían tomado en cuenta al menos un siglo antes de que ella tuviera su primer encuentro con lo desconocido. Ya en 1882 Frances Power Cobbe había publicado un libro que trataba sobre la forma en que las personas moribundas atisban el otro mundo mientras aún están en este.

Cobbe tituló el libro *The Peak in Darien* (La colina en Darién), una referencia al poema homónimo de John Keats en el cual los conquistadores españoles, comandados por Hernán Cortés, observan desde una colina en Darién (ahora Panamá). En vez de encontrar, como esperaban, una jungla inmensa extendiéndose en el horizonte, ven un océano desconocido, el Pacífico. Para Cobbe, ciertas miradas al otro mundo a veces muestran un hecho raro: la persona moribunda dice haber visto a alguien que no conoce y que ya ha muerto.[15]

En 1926, Sir William Barrett, de la SPR, publicó un libro titulado *Death-Bed Visions (Visiones en el lecho de muerte).* Uno de los casos citados en el libro era particularmente notable. Se refería a una mujer joven llamada Doris, que estaba muriendo de una hemorragia después de dar a luz. Mientras perdía intermitentemente la conciencia tuvo una visión en la que su padre se le acercaba. El hombre había muerto hacía años y ella evidentemente percibió que este era un mensaje del más allá diciéndole que ya era hora de partir. El equipo médico decidió que debía hacerse algo drástico para sacarla de ese estado moribundo. Se le trajo el bebé en un intento de despertarle el deseo por la vida, algo que tuvo el efecto deseado y la sacó de la crisis. Doris se vio obligada a quedarse por el bienestar de su recién nacido y también porque comprendió que había un nuevo mundo maravilloso ante ella.

Llegado este punto todo pasó a ser como la secuencia de un sueño. Ella sabía que su padre estaba muerto, así que no se sorprendió. Sin embargo, vio que su hermana Vida se unía a su padre en el sueño. Eso confundió a Doris porque, hasta donde ella sabía, Vida todavía estaba viva. Lo que Doris no sabía es que Vida había muerto hacía tres semanas pero, debido a su delicado estado de salud, no se le había dicho nada. Barrett quedó tan impresionado con la aparición de Vida que inició un estudio sistemático que después se publicó en su libro.[16]

El caso de Neil Allum

A comienzos de 2013 se le describió a uno de los autores de este libro lo que sería un típico caso de comunicación después de la muerte, aunque se produjo a través de un servicio de mensajería telefónica.[17]

Neil Allum era un chofer de camiones de largas distancias de Bootle, en Liverpool. Tenía licencia para conducir vehículos pesados por más de 18 años. Le gustaba su trabajo, pero debía permanecer lejos de su familia, su compañera Lee Mainey y sus dos hijos, por muchos días. Normalmente sus viajes del Reino Unido a Europa no le molestaban. Pero algo se le había metido en la cabeza aquel fin de semana del 10 y el 11 de septiembre de 2005. Sacó todos sus documentos de los seguros y dejó claro con lujo de detalles lo que quería para su funeral. Eso resultaba raro porque Neil sólo tenía 39 años y gozaba de buena salud. De hecho, él y Lee había fijado una fecha en abril próximo para casarse.

Neil no era el único que tenía esta sensación premonitoria. La hermana de Lee, Donna Marie Sinclair, sentía algo similar. En su mente veía imágenes de un policía con una chaqueta con marcas fosforescentes que tocaba a la puerta de la casa de Lee con malas noticias. Donna no podía hablar de esas cosas con su prima, un ama de casa práctica y con los pies en la tierra a la que no le importaban los temas sobrenaturales. Sin embargo, durante múchas semanas —como más tarde lo describió— tuvo una sensación de "clarividencia" cada vez que miraba a Neil. Años atrás, Donna y Neil habían hecho un pacto en el cual, si en algún momento él estaba en problemas, se lo diría por teléfono. Durante todo ese tiempo él la había llamado dos veces para pedirle consejo y ayuda.

El lunes 12 de septiembre Neil partió con su camión en un corto viaje a Holanda. El recorrido fue tranquilo hasta que algo horrible ocurrió a pocas millas de su casa. En los alrededores de Liverpool, dos autopistas, la M57 y la M58, se unen a otra carretera importante, la A59, en un punto llamado Switch Island. Por muchos años, este ha sido un lugar famoso por los embotellamientos. Hacía poco que habían comenzado las obras para resolver ese problema. Muchas veces Neil les había dicho a familiares y colegas que Switch Island era una trampa mortal. Cuando entró en el área donde se efectuaban las reparaciones en las primeras horas del miércoles 4 de septiembre, el camión de Neil golpeó las barreras de concreto al lado de la carretera y se aplastó la cabina del conductor. Después de cortar el amasijo de metal, Neil fue declarado muerto en el lugar.

Un policía con una chaqueta de rayas fosforescentes llamó a la puerta de la casa de Lee en Bootle para darle las noticias. Lee llamó a Donna y de inmediato ella fue a ver a su hermana.

Durante las dos semanas siguientes, Donna tuvo que hacer frente a todos los asuntos relacionados con un caso de muerte accidental. Finalmente regresó a su casa el 28 de septiembre. En su contestadora telefónica le esperaban mensajes de amigos y conocidos, así como un mensaje de la partera de su hija (la hija de Donna estaba embarazada en esos momentos). Todos los mensajes estaban en el servicio digital BT 1571, de las computadoras de la British Telecom. Después de unos cuantos timbres todas las llamadas van a este servicio. Para garantizar la precisión de todas las grabaciones, el servicio está conectado directamente a un reloj que tiene una precisión de 100 por ciento, ya que es digital y es imposible que ocurra interferencia. Donna comenzó escuchar las llamadas. Cada mensaje tenía la fecha y la hora. Se le informó que el siguiente mensaje se recibió a las 2:15 p.m. del sábado 17 de septiembre de 2005. Se sorprendió cuando escuchó un agudo sonido de chisporroteo y una distorsión que parecía estática eléctrica. Lo que luego escuchó fue la voz de un hombre que dijo "Es Neil, ¿está Donna, por favor?" El mensaje volvía interrumpirse con más estática y distorsión. Entonces escuchó la voz de una mujer, "Hola,

¿estás ahí? Deben haberse cruzado las líneas". Donna de inmediato reconoció las dos voces: definitivamente la primera era la de Neil y la segunda de la partera. Entonces el mensaje terminó.

Donna llamó de inmediato al número de problemas técnicos de British Telecom. Se le dijo que era imposible que con este servicio se cruzaran las líneas y que las fechas y las horas de las grabaciones siempre eran precisas y no tenían relación con el teléfono que recibía las llamadas. Así que, incluso si la casa de Donna no tuviese electricidad, eso sólo iba a afectar el reloj de su teléfono, pero no iba a influir en el servicio de BT. Donna le dijo al representante que eso no era posible porque la persona en la grabación había muerto tres días antes. El representante se quedó callado por unos segundos y después respondió: "Tal vez le sorprenda, pero esto ya ha ocurrido anteriormente" y le aconsejó que hiciera una búsqueda en internet sobre llamadas de los muertos.

Donna no estaba aún convencida. Pensaba que debía ser algún tipo de demora causada por el teléfono celular de Neil. Tal vez el mensaje lo había demorado el servicio de mensajería del propio celular. Conversó con la policía sobre esto y se le informó que el celular de Neil se había destruido con el impacto del accidente. Sin embargo, como parte de la investigación, la policía había hecho un examen forense de la tarjeta SIM y halló que la última llamada que Neil hizo al teléfono de la casa de Donna había sido diecinueve días antes.

Al parecer, los fenómenos de visiones y apariciones no son excepcionales. Personas que han fallecido recientemente en ocasiones se les aparecen a los vivos e incluso se comunican con ellos.

APARICIONES Y COMUNICACIÓN DESPUÉS DE LA MUERTE: LO QUE MUESTRA LA EVIDENCIA

El contacto con personas muertas es un fenómeno generalizado. Ocurre en la mayoría de las culturas y en varias épocas de la historia. Los indígenas tuvieron sus contactos con familiares fallecidos: sus culturas nos cuentan de contactos con ancestros a quienes honran y veneran como si estuviesen vivos. En el mundo moderno tal contacto es una anomalía: no tiene una explicación creíble. Las afirmaciones de que los muertos pueden tener conciencia y se les puede contactar son "esotéricas".

Para la mente moderna las apariciones y la comunicación después de la muerte son sucesos cuestionables, o un total engaño, porque insinúan la creencia en la comunicación con un alma inmortal o un espíritu. Una explicación creíble de cómo la conciencia puede persistir más allá del cerebro derribaría los conceptos preestablecidos tanto de los escépticos como de los religiosos. Muchas más apariciones, visiones y casos de comunicación después de la muerte van a ser experimentados por personas corrientes y serán reportados sin miedo al ridículo o sin tener que recurrir a la doctrina religiosa.

Pero incluso con una explicación secular creíble, el fenómeno puede que solo ocurra en algunos casos y no en otros. Puede ser que las condiciones sean de cierta forma extrañas donde, tanto la entidad fallecida que establece la comunicación como el receptor vivo, se encuentran en el estado adecuado para la comunicación. Se sabe que los fenómenos "espirituales" y "transpersonales" ocurren fundamentalmente en estados alterados de la conciencia y tales estados no son comunes en el mundo moderno.

Sin embargo, no es la frecuencia del contacto y la comunicación después de la muerte lo que nos ocupa, sino su incidencia. Hay marcada evidencia de que tal contacto y comunicación pueden ocurrir. La evidencia muestra que en algunos casos "algo" que manifiesta un sentido del yo y lleva en sí recuerdos de una existencia física —y en ocasiones, aparece vestido y en un cuerpo físico— se comunica con una persona viva. Ese "algo" puede ser lo que las tradiciones espirituales y religiosas llaman espíritu o alma, y que la creencia popular llama fantasmas. Podemos considerarlo una forma de conciencia. Concluimos entonces que hay evidencia creíble de que en ocasiones "algo" que parece estar en la conciencia de una persona muerta se le manifiesta a una persona viva.

3

Comunicación a través de un médium

En el capítulo 2 hemos visto casos donde el contacto con un individuo muerto ocurre espontáneamente o se presenta al someterse al sujeto vivo a un estado alterado de conciencia. Ahora vamos a ver casos donde ese contacto ocurre a través de un médium. El médium está normalmente en un estado alterado de conciencia conocido como "trance" y canaliza los mensajes e intuiciones que él o ella recibe. En esencia, el proceso no es diferente a los casos espontáneos o inducidos de contactos, excepto que se adiciona una tercera entidad. En vez de ser el sujeto el que está en un estado alterado de conciencia, es el médium quien entra en ese estado. El sujeto —conocido como "portador"— se encuentra en un estado normal, escuchando los mensajes o leyéndolos, si se escriben en un papel.

Tanto en la comunicación a través de un médium como en el contacto directo con una persona fenecida, la pregunta es la misma: ¿qué nivel de credibilidad podemos aportar a la evidencia de que la comunicación con los muertos es real? Como no es el sujeto el que experimenta esa comunicación, sino una tercera persona, es un asunto difícil de decidir. ¿La tercera persona está realmente reportando lo que siente? ¿Su experiencia viene realmente de un comunicador incorpóreo? ¿Se puede pensar que la información proviene de la persona viva y se transmite al médium de una forma no revelada, tal vez a través de una percepción extrasensorial?

Para lograr una credibilidad apropiada necesitamos casos donde la evidencia excluya esas posibilidades. No se trata de buscar una certeza absoluta, ya que cuando se trata de fenómenos empíricos siempre hay un elemento de duda. Pero si podemos hallar al menos un puñado de casos donde el nivel de credibilidad se aproxima a una certeza razonable, habremos obtenido evidencia de que algo anómalo es experimentado por el médium. Vamos a revisar a continuación algunos casos de comunicación a través de un médium donde el nivel de certeza, si no se consigue de forma absoluta, al menos se logra una aproximación.

LAS DIVERSAS FORMAS DE COMUNICACIÓN POR MÉDIUMS

La comunicación de médiums con personas muertas encaja en dos categorías básicas: la transmisión física y la transmisión mental. La evidencia que se obtiene de la transmisión física es a través de eventos visibles supuestamente producidos o transmitidos por el médium tales como golpeteos, cosas que se mueven, la materialización de objetos y, en ocasiones, la de individuos fallecidos. Tal tipo de evidencia es problemática porque tiene muchas posibilidades de caer en el fraude (muchas, si no todas las manifestaciones, requieren una completa o casi total oscuridad). También es problemático porque actualmente no hay una explicación científica tangible sobre el efecto físico producido por la entidad que se comunica o por el médium que canaliza esa entidad. Por esas razones en esta reseña no incluimos fenómenos tales como la materialización de objetos, personas o efectos físicos análogos.

Las pruebas de contactos con personas fallecidas a través de un médium a través del uso de la transmisión mental son más manejables. Este tipo de evidencia se manifiesta en varios grados de claridad y complejidad. La forma más simple y evidente es la clarividencia: el médium, en un estado de conciencia relativamente normal, dice que ve o escucha a algunos de los amigos o familiares del portador y transmite el contacto con ellos. El contacto puede ser oral o a través de señas o incidentes que simbolizan el significado de la comunicación.

Una forma más compleja y a la vez más común de clarividencia mental es cuando se requiere que el médium entre en estado de trance. En esos casos la conciencia del médium parece estar dominada por una inteligencia externa que se apodera del habla, la escritura y hasta del comportamiento del médium. En los casos más intensos de este tipo de transmisión, la mente y el cuerpo del médium parecen estar completamente poseídos por esa inteligencia externa. Por ejemplo, cuando la señora Leonora Piper, una muy conocida médium de Boston, caía en trance se le podía cortar, pinchar e incluso ponerle una botella de amoníaco bajo la nariz sin que pasara nada. A pocos minutos de entrar en el trance comenzaba a hablar con la voz de la entidad externa.

Los medios que caen en trance tiene al parecer la habilidad de sentir, escuchar y ver cosas que están más allá de la experiencia sensorial de las personas comunes. Esas habilidades se conocen como clarisensibilidad, clariaudiencia, y clarividencia. Algunos "médiums de transfiguración" pueden incluso tomar el aspecto físico de la entidad comunicante.

EL AUGE DE LAS COMUNICACIONES CONTROLADAS POR MEDIO DE MÉDIUMS

Los sucesos de Hydesville (descritos en el capítulo anterior) dieron origen al nuevo fenómeno social: "el espiritualismo", el cual muy pronto se convirtió en algo así como una religión en Estados Unidos, con una gran cantidad de individuos que aseguraban que podían hablar con los muertos y mostrar pruebas materiales de la presencia de los espíritus.

El espiritualismo se expandió rápido por Estados Unidos y Gran Bretaña. La prensa popular fue presa de ese entusiasmo y se llenó de reportajes sensacionalistas de sucesos psíquicos que ocurrían en sesiones espiritistas. Para la década de los años 1870 los médiums genuinos se mezclaban con los charlatanes que buscaban sacarle provecho a la nueva moda. Los periódicos anunciaban productos que podían usar los médiums y espiritistas para engañar al público. La clarividencia se estaba convirtiendo en un espectáculo de masas similar a los actos de magia de los auditorios.

Fue en medio de este clima frenético que la Sociedad para la Investigación Psíquica fue creada por Sidgwick, Barrett, Gurney, Moses, Podmore y Myers. La misión inicial de la sociedad fue investigar la comunicación espontánea entre los muertos y los vivos. Los sucesos de 1848 en Hydesville sugerían la existencia de una comunicación espontánea con una entidad no viva. Era evidente que la "clarividencia" de las hermanas Fox no era lucrativa. Fue sólo más tarde, bajo la tutela de Leah, la hermana mayor, que Kate y Margaret comenzaron a manifestar lo que pudiéramos llamar habilidades clarividentes.

La SPR y su versión estadounidense, la Sociedad Estadounidense para la Investigación Psíquica (ASPR, sigla en inglés), que fue fundada en 1885, se fascinó con la clarividencia y todas sus variantes y a través de los años investigó las habilidades que decían tener muchos de los más famosos médiums.

El primer médium que fue investigado bajo condiciones controladas fue James Eglinton. En los inicios los médiums usaban muchas formas de comunicación. Una de las más populares era la "escritura automática". Se creía que bajo ciertas condiciones un espíritu o una entidad incorpórea podían apoderarse de la mano del médium y escribir mensajes, cartas e incluso libros enteros. Normalmente se usaba un papel y un lápiz, pero en el caso de Eglinton era un pedazo de tiza y una pizarra. Quedaba claro que los dos investigadores —el joven doctor australiano Richard Hodgson y Eleanor Sidgwick, la autora del cuestionario del que hablamos en el capítulo anterior— no estaban ni remotamente convencidos, tal como expusieron en el artículo publicado en el *Journal of the Society for Psychical Research* (Revista de la Sociedad para la Investigación Psíquica), la publicación académica de la ASPR. Esto causó una gran controversia que llevó a la renuncia de William Stainton Moses. Sin embargo, se demostró que Hodgson y la señora Sidgwick estaban en lo cierto cuando Eglinton fue expuesto por otros investigadores como un charlatán. No fue un buen comienzo. Se necesitaban pruebas más contundentes.

ALGUNOS CASOS RESPALDADOS POR UNA SÓLIDA EVIDENCIA

En 1894, aparentemente se halló evidencia sólida. F. W. H. Myers y el físico Sir Oliver Lodge, otro miembro ilustre de la SPR británica, fueron invitados por el psicólogo y profesor francés Charles Richet a presenciar una serie de sesiones espirituales en su casa de retiro en la isla mediterránea de Roubaud. Se les invitó para examinar las habilidades como médium de una rústica italiana sureña llamada Eusapia Palladino. Palladino ya había sido investigada por el famoso siquiatra italiano Cesar Lombroso, quien estaba convencido de que la mujer no mentía.

A Palladino la habían sorprendido haciendo trampas en el pasado, generalmente usando una utilería torpe o la ayuda de un cómplice. Sin embargo, en una isla aislada y sin ningún compinche con ella, se las arregló para demostrar, al menos hasta donde pudieron ver los tres investigadores, de que ella era capaz de generar fenómenos genuinos. Más tarde los Sidgwicks se les unieron, y aunque menos sorprendidos, concluyeron de que algo de importancia científica estaba ocurriendo. Sin embargo, cuando los resultados se publicaron en el Journal de la SPR, Hodgson recibió fuertes críticas sobre los medios y protocolos usados durante las sesiones.

En julio de 1895 se hizo un intento para resolver el incidente de una vez y por todas. Se invitó a Palladino a que diera una serie de sesiones espiritistas en Cambridge. Para la gran satisfacción de Hodgson y sus simpatizantes, a la mujer la sorprendieron haciendo trampas. Pero algunos argumentaron que se le impusieron controles imposibles, lo que no le dejó otra opción que recurrir al engaño. A Palladino se le preparó un nuevo grupo de exámenes en 1908 en Nápoles. Durante las once sesiones se observó una serie de fenómenos psíquicos y se concluyó que eran genuinos. En su libro *Is There an Afterlife?* (¿Hay vida en el más allá?), el fallecido profesor David Fontana, un respetable filósofo británico, presenta una lista de lo que observó el equipo de investigación. Lo interesante de esta lista es que ninguno de los fenómenos que se observaron tienen que ver ni remotamente con la comunicación espiritista, sino que consisten de una lista de manifestaciones físicas que pudieron haberse falseado usando cómplices o aparejos.[1]

Para entonces la atención de Hodgson estaba en otra médium muy prometedora. Leonora Piper fue llamada por William James en 1890 un "cuervo blanco". Con esto quiso decir que ella aportó la evidencia que se necesitaba para demostrar que la clarividencia era un fenómeno real de comunicación con los muertos. Su guía inicial se llamó "Phinuit", un francés que al parecer no entendía francés. David Fontana explica esta situación diciendo que la señora Piper no hablaba francés y por tanto Phinuit "no podía hallar las palabras en francés en su mente en trance".[2] La señora Piper tenía otros tipos de "controles", los cuales tenían varias habilidades y diferentes niveles de conocimiento del francés. (Un *control* es el que facilita la comunicación entre un médium y el comunicador presuntamente fallecido).

La ASPR había estado estudiando a la señora Piper por varios años. Debido a problemas financieros, en esos momentos la ASPR se había convertido en una filial de la SPR y el joven y escéptico Hodgson estaba ansioso por ver si las afirmaciones que se hacían sobre la señora Piper eran realmente ciertas. Se aceptó su propuesta y la señora Piper fue invitada a Londres para una observación y evaluación.

Hodgson llevó a cabo una investigación profunda en la cual se reunieron más de cincuenta portadores totalmente desconocidos para la señora Piper. Tomó precauciones máximas para evitar que la señora Piper obtuviera información de antemano sobre los portadores. Fueron presentados sin decir sus nombres o usando un seudónimo y entraron a la habitación solo después de que la señora Piper había entrado en trance. Se ubicaron detrás de ella y aún así la señora Piper reveló información que ellos estaban seguros que no pudo haber obtenido normalmente. El propio William James concluyó que la señora Piper no pudo haber recopilado esa información por medios naturales.

Un caso especialmente sólido fue el de George Pellew, que la señora Piper conoció como George Pelham (o simplemente como GP). Pellew, un joven abogado de Boston, era sumamente escéptico sobre la posibilidad de una vida después de la muerte. Aún así le prometió a Hodgson que, si moría primero, iba a hacer todo lo posible por comunicarse con él. Dos años más tarde, a los 32 años de edad, Pellew murió en un accidente en Nueva York. Poco después Hodgson preparó una sesión espiritual con la señora Piper. Con él vino un joven llamado John Hart, amigo cercano de Pellew. Durante la sesión el "Dr. Phinuit" transmitió varios mensajes personales a Hart, y lo convenció de que, en realidad, era su amigo el que se comunicaba con él desde la tumba. Tal fue la sorpresa de Hart con la precisión de estos mensajes, que contactó a Jim y Mary Howard, amigos del abogado fallecido y bien conocidos por su escepticismo sobre la comunicación con los muertos. Tres semanas más tarde, los Howard, usando nombres falsos, asistieron a otra de las sesiones espirituales de Piper. Pellew tomó muy pronto el control de la señora Piper. Hablando a través de la médium, Pellew dijo: "Jim, ¿eres tú? Habla rápido, no estoy muerto. No pienses que estoy muerto. Estoy tan contento de verte. ¿Me puedes ver? ¿No me escuchas? Envíale mi cariño a mi padre y dile que quiero verlo. Estoy feliz de estar aquí, y ahora más porque puedo comunicarme contigo. Siento pena por los que no pueden hablar".

Howard respondía a través de la señora Piper: "¿Qué haces, George? ¿Dónde estás?" Pellew respondió: "Apenas puedo hacer algo. Me estoy despertando a la realidad de una vida después de la muerte. Todo estaba oscuro. Al principio no podía ver nada. Las horas más oscuras son antes del amanecer, tú lo sabes Jim. Estaba perplejo, confundido. Debiera ocuparme con algo pronto. Ahora puedo verte, mi amigo. Puedo escuchar tu voz, Jim. Puedo distinguir tu acento y tu articulación, pero suena como un gran bombo. El mío debe sonarte como el más débil de los susurros". Howard: "¿entonces en nuestra conversación es como hablar por teléfono?" "Sí". Howard: "De larga distancia". GP se rió. Howard: "¿Te sorprendió descubrir que estás vivo?" GP: "Claro que sí. Muy sorprendido. No creía en una vida futura".

Hablando a través de la señora Piper, GP posteriormente reconoció por su nombre a veintinueve de los treinta portadores que Hodgson le había presentado. La excepción fue una joven que era una niña cuando Pellew la conoció. GP charló con cada uno, mostrando un conocimiento íntimo de su relación con ellos. Ni una sola vez saludó a ninguno de los 120 portadores que no había conocido en su vida.

Hodgson sabía que la señora Piper no conoció a Pellew cuando estaba vivo. Era casi imposible que lo imitara tan bien que treinta personas que habían conocido a Pellew no tuviesen dudas de que era él quien les estaba hablando.

Para 1898 Hodgson estaba seguro de la autenticidad de las transmisiones de la señora Piper. Escribió: "En estos momentos puedo declarar que no tengo duda alguna de que los 'comunicadores' a quienes me he referido... son verdaderamente las personalidades que dicen ser, que han sobrevivido al cambio que llamamos muerte y que se han comunicado directamente con nosotros, a los que llamamos vivos, a través del cuerpo de entrada de la señora Piper".[3]

Las correspondencias cruzadas

La señora Piper participó también en una serie de experimentos conocidos como "correspondencias cruzadas". Entre 1888 y 1902 fallecieron tres miembros fundadores de la Sociedad para la Investigación Psíquica. En 1888, Edmund Gurney murió repentinamente de un supuesto ataque de asma a los 38 años de edad. Frederic Myers siguió a su amigo el 17 de enero de 1901 y, al año siguiente, se les unió Henry Sidgwick. Todas fueron grandes pérdidas para la SPR, pero al mismo tiempo ofrecían una gran oportunidad para la comunicación directa entre los dos mundos. Los tres habían dicho que cuando estuviesen en "el otro lado" iban a intentar comunicarse y, al hacerlo, aportarían evidencia científica de la permanencia de la conciencia más allá del cerebro.

Myers, el autor del clásico de dos tomos *Human Personality and Its Survival of Bodily Death* (La personalidad humana y su sobrevivencia a la muerte corporal) había concebido el método de la correspondencia cruzada. Ese método consiste en mensajes de poca importancia en sí, pero que adquieren significado cuando se unen todos. Un médium específico recibirá un elemento de un mensaje potencialmente significativo. Ese mensaje no sólo sobrepasaba el conocimiento e información disponible para el médium (en el caso de Myers tenía ciertas referencias ocultas a la literatura clásica), sino que en sí mismo no tenía sentido. Sin embargo, varios mensajes de este tipo recibidos por médiums que no estaban conectados entre sí, cuando se combinaban —a veces después de una considerable investigación de estudiosos especializados— formaban un mensaje con significado.

Se creó un equipo de médiums para facilitar esas comunicaciones. El grupo estaba integrado por Margaret Verrall y su hija Helen, la Sra. Holland, la Sra. Willett, la Sra. King y Leonora Piper. Con esos seudónimos se buscaba proteger la verdadera identidad de las mujeres. En realidad "la Sra. Holland" era Alice McDonald Fleming, la hermana del famoso escritor Rudyard Kipling. "La Sra. King" era la dama Edith Lyttelton, una novelista y activista política, y la señora Willett era Winifred Coombe-Tennant, miembro de la aristocracia rural. Con la excepción de la señora Piper, ninguna de ellas era un médium profesional.

El objetivo era abrir la comunicación con los fundadores fallecidos de la SPR usando una forma de clarividencia conocida como automatismo, donde el médium sostenía una estilográfica sobre un papel y esperaba a que los espíritus visitantes la movieran. De esta forma se podían enviar mensajes escritos del más allá. Durante un período de casi 30 años una serie de médiums transcribieron más de 2.000 ejemplos de escrituras automáticas que se aseguraba venían directamente de Myers, Sidgwick y Gurney. Consistían de alusiones literarias y clásicas fragmentadas, el tipo de mensajes característicos de las personas muy educadas de la época.

Poco después de la muerte de Myers, médiums de varias partes del mundo comenzaron a recibir mensajes, supuestamente de él. Myers conocía los problemas de credibilidad en relación con los mensajes que supuestamente provenían de individuos fallecidos e hizo un gran esfuerzo para eliminar cualquier tipo de dudas sobre la autenticidad de sus propios mensajes. No fue suficiente para él que el contenido de sus mensajes quedara oculto a los médiums que los escribieron, sino que se aseguró además de que no fueran conocidos por ninguna persona que hubiese estado en contacto con los médiums. Incluso si el contacto del médium con otra persona viva no era directo y consciente, pudo haber sido indirecto e inconsciente: los mensajes podían haberse comunicado al médium telepáticamente o por clarividencia. Para excluir incluso esta remota posibilidad fue que Myers inventó el método de correspondencias cruzadas. El nivel de credibilidad en el caso de Myers es significativo porque es extremadamente imposible que los médiums que recibieron sus mensajes parciales y sin sentido, los pudieran haber inventado ellos mismos. Por otra parte, la comprensión de sus significados cuando se les combinaban requería de un complejo nivel de especialización en literatura clásica.

Tras un período de prueba (al parecer para comprobar el método de correspondencias cruzadas y establecer la credibilidad de los mensajes), Frederic Myers comenzó a dictar largos mensajes a la médium amateur de trances Geraldine Cummins. La señorita Cummins no conoció a Myers en vida —era sólo una niña cuando Myers murió— ni tampoco tenía un conocimiento particular sobre la literatura clásica. Pero el contenido de los mensajes dictados por Myers —y más tarde publicados en *The Road to Immortality* (El camino a la inmortalidad, Londres, 1932) y *Beyond Human Personality* (Más allá de la personalidad humana, Londres, 1935)— fueron tan auténticos que convencieron a Sir Oliver Lodge, expresidente de la SPR y amigo cercano de Myers cuando éste vivía, de que realmente provenían de Myers. Tanto impresionaron a Sir Oliver Lodge los mensajes, que le pidió permiso al difunto Myers a través de Geraldine Cummins para escribirles un preámbulo. Evelyn Myers, la viuda de Frederic Myers quedó igualmente convencida y más tarde invitó a la señorita Cummins a que fuera a vivir con ella en su casa.[4]

El caso del poeta muerto

Otro ejemplo de la transmisión de mensajes usando el método de correspondencias cruzadas tuvo que ver con el poeta Roden Noel. El 7 de marzo de 1906, la señora Verral dio inicio a una sesión de escritura automática. Las palabras "Tintagel y el mar que gemía de dolor" aparecieron en el papel. A la señora Verrall esto no le decía nada. Se lo mostró a la señorita Johnson, un miembro de la SPR, quien lo asoció con el poema Tintagel, del poeta del suroeste de Inglaterra Roden Noel.

Cuatro días más tarde "la señora Holland" recibió un mensaje automático de origen similar. Decía: "Esto es para A.W. Pregúntele qué significa la fecha 26 de mayo de 1894 para él —para mí— y para F. W. H. M. No creo que les resultará difícil recordarlo, pero si así fuera, entonces pregúntenle a Nora". Como no sabía lo que esto significaba, "la señora Holland" envió un mensaje a la SPR de Londres.

Al examinarlo se descubrió que "A.W." se refería al esposo de Helen Verral, el Dr. Verrall, y F.W.H.M. a Frederic Myers. "Nora" era Eleanor Sidgwick. Todos eran buenos amigos del poeta Roden Noel, el autor del poema asociado con el mensaje recibido por "la señora Holland" unos días antes. Se supo que la fecha era el día en que Roden Noel falleció.

El 14 de marzo, en una escritura automática de la señora Holland aparecieron las palabras "dieciocho, quince, cuatro, cinco, catorce, catorce, quince, cinco, doce" y la instrucción de ver las ocho palabras centrales del Apocalipsis 13:18. Dos semanas después, el 28 de marzo, la señora Holland escribió las palabras "Roden Noel", "Cornwall", "Patterson" y "¿recuerdas la chaqueta púrpura?"

Otro de los miembros del equipo, Alice Johnson, por entonces Secretaria Honoraria de la SPR, examinó las ocho palabras centrales del Apocalipsis 13:18 y halló que significaban "porque es el número del hombre". Siguiendo la pista al pie de la letra, regresó a los números 18, 15, 4, 5, 14, 14, 15, 5, y 12, y sustituyó cada número como la letra correspondiente en el alfabeto. Decía Roden Noel. Posteriormente, Alice Jonson descubrió que Noel usaba con regularidad una chaqueta púrpura, que "Cornwall" era el tema de varios de sus poemas y, finalmente, que A. J. Patterson fue un amigo común suyo y de Sidgwick durante la época universitaria. Ningún miembro del grupo conocía esa información.[5]

Este fue sólo uno de los logros alcanzados de los rompecabezas inteligentemente concebidos a partir de las escrituras automáticas generadas en las correspondencias cruzadas. Los mensajes asociados sólo tenían sentido cuando se relacionaban con los otros mensajes recibidos por individuos no relacionados que estaban en otras partes del país.

El caso de Eileen Garrett

Otra sucesión de mensajes bien diseñados se produjo en 1930, recibidos por una médium en trance de alguien que había muerto dos días antes bajo circunstancias trágicas y espectaculares. El receptor del mensaje fue la médium irlandesa Eileen Garrett. A diferencia de sus colegas, Eileen aceptaba que su control, un ser que se nombraba "Uvani", era simplemente un aspecto de su propia subconsciencia. En su autobiografía *Many Voices (Muchas voces) dejó clara su opinión:*

> Prefiero pensar que los controles dirigen la subconsciencia. Inconscientemente, los he adoptado por su nombre durante

los inicios de mi entrenamiento. Los respeto, pero no puedo explicarlos.[6]

Cualquiera que fuese la fuente de información de Eileen, demostró ser acertada, particularmente en su revelación sobre el accidente del R101 en 1930. El 7 de octubre de 1930, Garrett estaba en el Laboratorio Nacional de Investigación Psíquica, en el oeste de Londres. Había sido invitada por un investigador psíquico, Harry Price, conocido por su rechazo a la clarividencia fraudulenta. En presencia de Price, Eileen estaba intentando contactar el espíritu del escritor escocés Sir Arthur Conan Doyle, quien había fallecido a principios de ese año. Pero Uvani, el control de Eileen, estaba recibiendo otros mensajes. En un caso clásico de "visita inesperada", Uvani anunció el nombre "Irving" o "Irwing". De pronto otra voz apareció y comenzó a emitir una serie de enunciados cortos y concisos tales como "el volumen del dirigible era demasiado pesado para los motores", "la mezcla de carbón e hidrógeno como combustible era totalmente equivocada" y "la nave no pudo equilibrarse y por poco raspa los tejados de Achy".

Dos días antes, el 5 de octubre de 1930, el zepelín británico R101 cayó en un terreno en el norte de Francia y explotó en llamas. Casi todos los tripulantes murieron. Uno de ellos fue el piloto, lugarteniente de vuelo H. Carmichael Irwin. Todo el mundo en la sesión espiritual conocía bien el desastre porque estaba en los titulares de los periódicos. Sin embargo, no se habían publicado todos los detalles sobre el incidente. Price estaba interesado en conocer la exacta ubicación de "Achy", el lugar cuyos tejados se mencionaron en el mensaje. Revisó un grupo de mapas convencionales pero no encontró nada. Entonces rastreó un mapa a gran escala de los ferrocarriles del área cerca de Beauvais, y lo encontró. Achy era un pequeño caserío a pocas millas al norte de Beauvais. Quedó impresionado. ¿Cómo había Eileen, o su control subconsciente Uvani, llegado a esta conclusión? Es más, la cantidad de detalles técnicos recogidos durante la sesión espiritual estaba por encima de la de muchos ingenieros y no correspondía a la de una persona como Eileen con un nivel de educación promedio.[7]

Se han hecho muchos intentos por desacreditar esta información. A principios de la década de 1960 el investigador Archie Jarman hizo una revisión exhaustiva del incidente y sacó a la luz algunos hechos interesantes. Por ejemplo, el conocimiento de Eileen sobre la villa de Achy no era tan inexplicable como parecía en sus inicios. Jarman conocía bien a Eileen, y sabía que ella frecuentemente viajaba en automóvil desde Calais a París. Achy estaba ubicado en la ruta principal entre el puerto y la capital. Jarman indicó que Eileen tenía un conocimiento subliminal de todo eso y decidió usar este caserío como el punto para visionar el sitio del desastre.[8] Pero había muchos caseríos, villas y pueblos a lo largo del camino. ¿Cómo fue que escogió el lugar correcto al azar?

El caso de Gladys Leonard

En los inicios del siglo XX, otra médium británica, Gladys Leonard, cosechó varios éxitos en la comunicación con los muertos. Gladys Osborne Leonard (1882–1968) desarrolló habilidades clarividentes cuando era una niña. Desde muy temprano dijo que veía un paisaje hermoso al que llamó "Los valles felices". Consistía en un paisaje bucólico que se proyectaba en las paredes que la rodeaban. Al parecer eran imágenes en movimiento, destellos de un mundo tridimensional que existía fuera de la percepción de la mayoría de las personas. Estas eran descripciones similares a las del plano astral. Tras recibir una visión de su madre, decidió desarrollar sus habilidades como médium. Muy pronto manifestó su "guía espiritual", que se identificó como un nombre largo e impronunciable que se acortó para dejarlo en "Feda". En marzo de 1914 se le orientó a Gladys que comenzara una vida como médium profesional. Se le informó que "algo grande y terrible va a ocurrir en tu mundo". Unos meses más tarde estalló la Primera Guerra Mundial.

Una de las víctimas del conflicto fue Raymond Lodge, quien murió en el campo de batalla el 17 de septiembre de 1915. Raymond era el hijo de Sir Oliver Lodge, que participó en las investigaciones de Eusapia Palladino en la isla francesa de Roubaud. La esposa de Lodge participó en una sesión espiritual con la señora Leonard el 25 de septiembre y en ella apareció Raymond. Dijo: "Dile a papá que he conocido a algunos de sus amigos". En ese mensaje mencionó específicamente el nombre de Myers.

El 3 de diciembre, Lodge participó en una sesión con Leonard. El espíritu de Raymond se les unió y a través de Gladys describió una fotografía que le habían tomado a él y a otros de los oficiales. Dijo que en la foto él estaba sentado mientras que los otros estaban "elevados". Agregó que la foto había sido tomada en exteriores con un fondo negro "con líneas hacia abajo". A Lodge le pareció todo esto muy raro. El 29 de noviembre había recibido una carta de una total extraña llamada Sra. Cheves. Su hijo había fungido como médico militar en el mismo batallón de Raymond. Le dijo a Lodge que tenía seis copias de una fotografía de un grupo de oficiales y que tal vez a él le gustaría tener una de ellas, por lo que le ofreció enviársela. Lodge se preguntó si el mensaje a través de Gladys estaba relacionado de alguna manera con la foto.

Cuatro días más tarde, el 7 de diciembre de 1915, llegó la foto. Era exactamente como el espíritu de Raymond había descrito, incluso con "las líneas hacia abajo".[9]

En algunos mensajes que transmiten los médiums, el fallecido "transcomunicador" se muestra totalmente dispuesto a comunicarse con el mundo de los vivos. Tal fue el caso relacionado con la muerte trágica de un joven llamado Edgar Vandy, transmitido a Gladys en colaboración con otros dos médiums.

En agosto de 1933, Edgar Vandy, un ingeniero radicado en Londres, estaban dando un paseo en automóvil por los campos de Sussex con dos amigos, el Sr. N. Jameson y su hermana. Decidieron hacer una parada en la hacienda del empleador de la señorita Jameson. Resultó ser un largo y acalorado trayecto y los dos hombres quedaron muy complacidos al descubrir que la casa tenía una piscina. Curiosamente,

Jameson había traído un traje de baño, pero Edgar no. Por suerte, la señorita Jameson le pudo prestar uno y los hombres se cambiaron de ropas detrás de unos arbustos. Por razones desconocidas, Edgar no esperó a que su amigo terminara de cambiarse y se dirigió a la piscina. Cuando Jameson llegó vio a Edgar flotando boca abajo en el agua. Saltó y agarró a Edgar, pero éste se le resbaló entre las manos y se hundió aún más en las turbias aguas.

Jameson salió de la piscina y fue en busca de ayuda. No está claro dónde estaba su hermana en ese momento, pero lo que sí quedó claro es que dejaron a Edgar por un buen tiempo en la piscina. Pasó casi una hora antes de que Jameson regresara con un doctor y la policía. Finalmente pudieron localizar a Edgar y su cuerpo sin vida fue sacado del agua. El doctor notó ligeras abrasiones en el mentón de Edgar y la lengua la tenía mordida. Luego se descubrió que en sus pulmones había menos líquido del que debiera existir si se hubiese ahogado. Una pesquisa ulterior determinó que Edgar había saltado a la piscina y se había dado un golpe que lo dejó inconsciente. El forense emitió el veredicto de "Muerte por ahogamiento por adversidad".

Tal veredicto no satisfizo a Harold y George, los hermanos de Edgar. Sabían que su hermano no era un buen nadador y que no era el tipo de persona que se iba a lanzar de cabeza en una piscina llena de agua turbia. También se preguntaban por qué Jameson nos sacó a Edgar del agua antes de buscar ayuda. También estaba la pregunta de dónde se encontraba la hermana mientras ocurrió la tragedia.

Los hermanos sabían que un enfoque convencional aquí no iba a funcionar. Quedaba claro que el dueño de la hacienda no quería publicidad y que no iba a cooperar en futuras investigaciones. Como miembro de la Sociedad para la Investigación Psíquica, George estaba al tanto de lo que se conocía como "sesiones delegadas". Este era un proceso a través del cual se usaba una cantidad de médiums para obtener información de una persona muerta. En ninguna sesión se ofrecían detalles sobre el caso. Al contrario, se ofrecieron nombres y direcciones falsos de aquellos que solicitaban las sesiones, para que no surgieran acusaciones de "lecturas en frío" o que se hicieran investigaciones previas.

George le escribió a su colega de la SPR, Drayton Thomas, preguntándole si se podían preparar un grupo de sesiones delegadas. Thomas estuvo de acuerdo. Él y los hermanos Vandy no se habían visto nunca. Los hermanos sólo dijeron que estaban "tratando de obtener más información sobre un hermano que había fallecido recientemente, y que había algunas dudas entre los familiares sobre las causas de la muerte".[10] Thomas comenzó a trabajar y decidió que iba a recomendar a Gladys junto a tres otras médiums: la señorita Campbell, la señora Mason y la señorita Bacon. En los periódicos londinenses no se había reportado la muerte de Vandy hasta ese momento, aunque en la prensa local había aparecido un pequeño artículo.

El 6 de septiembre de 1933, Thomas asistió a una de sus usuales sesiones con Gladys. Estaba allí como un individuo común que buscaba información sobre su familia. Para su gran sorpresa, Feda, el guía espiritual de Leonard, preguntó: "¿Conoce a un hombre que falleció recientemente de forma bastante repentina?" Entonces Feda mencionó dos grupos de iniciales que tenían relación con Édgar. Eran las iniciales de Harold Vandy junto con las de una hermana fallecida recientemente, Minnie. El guía agregó: "Esta pudiera ser una sesión delegada sobre alguien que partió después de una caída".[11] Estupefacto, Thomas coincidió en que este inesperado mensaje se podría referir al caso que él había pedido investigar. Feda dijo entonces que el caso tenía que ver con alguien que no era un niño, pero que no era muy viejo (Vandy tenía 38 años cuando ocurrió el accidente) y tuvo un final trágico debido a una caída. Feda añadió:

> Nadie tuvo la culpa, él había tenido una sensación extraña en su cabeza, que ya había sentido antes... saliendo —inconsciente... pensando en otras cosas... me estaba sujetando, agarrando de algo... Creo que me solté... Entonces pareció como si curiosamente mi mente quedara en blanco... No puedo recordar

exactamente qué ocurrió, aunque estaba cayendo a través de algo, como cuando uno está dormido... No tuvo absolutamente nada que ver con ellos, y ellos no podían haberme ayudado de ninguna forma... Estoy muy apenado por tanta molestia.[12]

Thomas quedó estupefacto con el mensaje porque él no estaba pensando en Vandy en ese momento. Rápidamente les escribió a los hermanos Vandy explicando lo ocurrido. Se prepararon otras cinco sesiones usando los médiums que sugirió Thomas. Al menos uno de los hermanos estuvo presente en todas las sesiones, pero no se identificaron ni tampoco ayudaron al médium con preguntas o comentarios.

Las sesiones sacaron a la luz información importante. Por ejemplo, durante la sesión del 24 de septiembre de 1933, donde estuvo la señorita Campbell, la médium describió cómo se le mostraba el "hermano" de Vandy con una raqueta de tenis en la mano y además agregó "lo que resulta extraño porque él no jugaba tenis. Él no parece ser un tipo que juegue tenis". Con anterioridad, Campbell había dicho a George Vandy, quien en ningún momento se identificó o proveyó información sobre Edgar, que "usted tiene un hermano del mundo espiritual que murió en un accidente".

La raqueta de tenis no tenía sentido para George. Con él tenía a un taquígrafo presente (en esta sesión específica él era "N.J.", el amigo que estaba con Vandy el día que murió), a quien le pidió que tomara nota sobre esto para después investigarlo. Lo que descubrieron fue sorprendente. Unas cuantas semanas antes de su muerte, Edgar y su hermana estaba en el jardín de su casa. La hermana tenía un rollo de fotografías disponible y decidió tomarle una foto a su hermano. Ese día Edgar llevaba puesta una camisa, pantalones y zapatos para jugar tenis. Para completar la imagen necesitaban una raqueta. La hermana de Edgar sacó su propia raqueta y le pidió que posara con ella. Ella recordó cómo él dijo bromeando que la gente iba a pensar que era un jugador de tenis.

La señorita Campbell dijo que Edgar tenía una pequeña abertura en los dientes, "como si le faltara un diente", y agregó: "ahora está mostrando una vieja cicatriz y dice '¡Ésa es mi marca de identificación!'" Al preguntársele, Campbell confirmó que la cicatriz estaba en la cara de Edgar. George confirmó que Edgar tenía una pequeña abertura en el maxilar superior donde se le había roto un diente. También tenía una gran cicatriz en la frente. Pero lo que más impresionó a George fue el recuerdo de que una vez Edgar, apuntando a la herida, dijo "esto siempre me va a identificar".

Unos meses después, el 27 de julio de 1934, otra sesión "delegada" se llevó a cabo con la participación de Gladys Leonard y Drayton Thomas. De acuerdo con David Fontana, a la señora Leonard no se le dieron detalles sobre el motivo de la sesión. Al parecer el padre de Thomas comenzó a comunicarse a través de la señora Leonard diciendo que "el joven tenía muchos papeles que guardaba en forma de libros... uno de ellos con escritos y dibujos... Algunos de color marrón... algunos como con cubiertas negras". Más de 30 años después, George encontró esas libretas de notas en un lugar de almacenaje de Pickford. Hallaron 12 en total, 11 tenían cubiertas negras y una era marrón.[13]

Mensajes canalizados en casos criminales

En febrero de 1983, una mujer de 25 años, Jacqueline Poole, fue asesinada brutalmente en su apartamento de Ruislip, en el Noroeste de Londres. El padre de su novio fue quien dio la alarma, preocupado por no haberla visto durante dos días. Al romper la puerta, la policía descubrió el cuerpo de Jacqueline y la ausencia de una gran cantidad de joyas. Quince meses más tarde se cerró el caso sin que la policía pudiera resolver el crimen.

En 1999, nuevos avances en la ciencia forense llevaron a la reapertura del caso. La policía había obtenido en la escena del crimen una pequeña cantidad de ADN, que se sometió a una nueva técnica conocida como "Bajo número de copias" (Low Copy Number, LCN, en inglés). Los resultados se compararon con el ADN de uno de los sospechosos principales, Anthony James Ruark. En agosto de 2001, Anthony Ruark fue hallado culpable en el asesinato de Poole y se le sentenció a cadena perpetua.

El trasfondo del exitoso proceso de la fiscalía incluyó la comunicación de una médium local, Christine Holohan, en 1983. Holohan llamó a la policía tras ver en televisión un llamado público pidiendo información sobre el asesinato de Poole. Dos oficiales de policía, el agente Tony Batters y el detective Andrew Smith, visitaron a la señora Holohan al día siguiente. Al principio los policías se mostraron sospechosos cuando Christine explicó que había sentido un espíritu que le rondaba, y que ella estaba segura de que estaba asociado de alguna manera con el asesinato. Sin embargo, el espíritu le dijo a Christine que su nombre era Jacqui Hunt, no Jacqui Poole, algo que llamó la atención de los policías porque ellos sabían que el nombre de soltera de la fallecida era Hunt.

Holohan entonces aportó a la policía no menos de 131 hechos aislados sobre el crimen. Más de 120 de ellos eran correctos, información que la conciencia extracorpórea de Jacqui solo pudo haber visto después de muerta, como por ejemplo, que cuando la policía irrumpió en el apartamento había dos tazas de café en la cocina. Una estaba limpia y la otra tenía restos de café en el fondo. Holohan no pudo haber sabido eso. También dijo que Jacqui había dejado entrar a su asesino en el apartamento, un hombre al que conocía, pero que no le agradaba, y que antes ese mismo día dos hombres habían venido al apartamento para llevarla al trabajo, pero que ella no se fue con ellos porque se sentía enferma. Holohan narró el asesinato con lujo de detalles, describiendo cómo a la víctima le habían quitado los anillos de los dedos después de matarla. Nombró a un grupo de individuos que Jacqui conocía, uno de ellos era un tal "Tony". Agregó que había tratado de usar la escritura automática para obtener más detalles y que garabateó el nombre "Pokie". Otro nombre que aportó fue el de "Barbara Stone."[14]

El nombre "Pokie" llamó la atención de los agentes. Uno de sus primeros sospechosos clave había sido Tony Ruark, un hombre que tenía el inusual apodo de "Pokie". Usando la evidencia aportada por Holohan, se interrogó a Ruark y se registró su casa. Pero no se halló prueba incriminatoria, y fue liberado sin que se le formularan cargos. La policía conservó la camiseta que se halló en su cubo de la basura. En la posterior investigación de 1999, muestras de piel y fluidos corporales añadieron más pruebas de ADN a los diminutos vestigios de ADN hallados en la lugar de los hechos. Si Christine Holohan no hubiese contactado a la policía, no se hubiese llevado a cabo el registro en la casa de Ruark que llevó al hallazgo de la prueba clave. Más tarde se supo que Barbara Stone había sido una buena amiga de Jacqui Poole que había muerto unos años antes.

Los casos de Indridi Indridason

Un extraordinario caso de "noticias" transmitidas por un médium fue reportado por el profesor Erlendur Haraldsson durante una conferencia que dio a la Sociedad para la Investigación Psíquica el 17 de junio de 2010. Allí disertó sobre el trabajo del médium islandés Indridi Indridason.[15]

Indridason nació en octubre de 1883 en Skardsstrond, en el noroeste de Islandia. A fines del siglo XIX Skardsstrond era una comunidad totalmente aislada. No había caminos, sólo sendas para los caballos. Tomaba al menos tres días a caballo para ir de Skardsstrond a la capital, Reykjavik. A los 22 años de edad Indridason hizo el arduo trayecto para convertirse en aprendiz de imprenta. Mientras estaba en Reykjavik se alojó con familiares, los Einarssons. Indridi Einarsson y su esposa recientemente se había incorporado a un círculo espiritualista y una noche llevaron al joven Indridason con ellos. Muy pronto se descubrió que Indridason tenía poderosas habilidades clarividentes. Hay relatos donde él flotaba en el aire mientras se comunicaba con sus guías. El principal guía de Indridason era su tío Konrad Gislason, un profesor de Literatura nórdica en la Universidad de Copenhague que había muerto en 1891. Sin embargo, más tarde se registró que otros 26 espíritus había hablado a través de él.

En poco tiempo Indridason se hizo muy popular y su fama se divulgó por todo Reykjavik. Se creó un grupo que se autodenominaba Sociedad Experimental sólo para investigar las habilidades de Indridason como médium. Fue de ese modo que, bajo condiciones bastante controladas, tuvo lugar la sesión espiritual del 24 de noviembre de 1905. Esa noche, alrededor de las nueve, se manifestó una nueva entidad. Por la boca de un Indridason en trance profundo comenzaron a salir palabras en danés con un perfecto acento de Copenhague, para sorpresa de los islandeses presentes. En aquella época Islandia era parte de Dinamarca y el danés lo hablaban muchas personas educadas. Pero Indridason había recibido una educación rudimentaria y sólo hablaba unas cuantas palabras en danés que, claro está, pronunciaba con acento islandés y no de Copenhague. La voz se presentó como "el señor Jensen", un apellido danés muy común. Jensen dijo a la perpleja audiencia que venía de Copenhague, donde había presenciado un inmenso fuego en una fábrica. La voz desapareció para reaparecer una hora después con la noticia de que los bomberos habían logrado controlar el incendio. Dijo que estaba interesado en este fuego porque él había sido en vida un "fabricant" (fabricante).

Según los Libros de minutas de la Sociedad Experimental, Jensen se manifestó de nuevo a través de Indridi Indridason. El 11 de diciembre de 1905, habló de nuevo y dio nuevos detalles sobre él. Le dijo al grupo que su nombre cristiano era Emil, que era soltero y no tenía hijos, y que ya no era "tan joven" cuando murió. Agregó que había tenido hermanos, pero que "no estaban aquí en el cielo".[16]

Es importante resaltar que en 1905 no había otra forma de comunicación entre Islandia y Dinamarca que no fuera por mar. En el invierno esa travesía de más de 2.000 kilómetros por mar podría tomar semanas. Después de la sesión espiritual, no fue hasta las Navidades que llegó el primer barco. Traía, entre otras muchas cosas, periódicos. Un miembro de la Sociedad Experimental, el reverendo Hallgrimr Sveinsson, revisó el diario danés *Politiken*. En un artículo se describía cómo un incendio en una fábrica de lámparas en el 63 Kongensgade de Copenhague comenzó la noche del 24 de noviembre y que el voraz fuego fue finalmente controlado cerca de la medianoche. Copenhague tiene dos horas de adelanto en comparación con Reykjavik, por lo que la ahora en que finalizó el incendio fue alrededor de las 10 p.m., hora de Islandia, exactamente el momento en que Jensen regresó con la actualización de la información.

En su investigación, descrita más tarde en un trabajo que se público en el Proceedings de la SPR en octubre de 2011, Haraldsson halló la información en la edición del *Politiken* del 25 de noviembre de 1905. Allí se confirmaban los detalles sobre el incendio.

Haraldsson también buscó en copias anteriores el periódico para ver cuántos fuegos se habían reportado en Copenhague. Tomó una muestra de dos semanas anteriores al incendio y dos semanas posteriores. Descubrió que ocurrieron tres fuegos pequeños y que todos se habían controlado rápidamente. Dos comenzaron temprano en la noche y uno en la madrugada. No había ningún reporte de un fuego que ocurriera tarde en la noche. Es más, sólo un fuego había ocurrido en una fábrica: el de Kongensgade la noche del 24 de noviembre.

A Haraldsson le interesaba conocer si alguien con el nombre de Emil Jensen había vivido en Copenhague en los años anteriores al incendio de Kongensgade. En junio de 2009 pasó un día en Copenhague revisando los récords de la Biblioteca Real. Allí encontró una lista de profesionales que vivieron y trabajaron en la ciudad. En las anotaciones de 1890 halló a Emil Jensen, que estaba registrado como fabricante. Emil Jensen vivió en Store Kongensgade 67, a dos puertas del número 63, el lugar donde ocurrió el incendio de 1905. Siguiendo esta pista, Haraldsson descubrió que Emil Jensen falleció el 3 de agosto de 1898 a la edad de 50 años. Era soltero y no había tenido hijos. Tuvo cuatro hermanas y dos hermanos, los cuales aún estaban vivos en 1905 cuando ocurrió la inesperada "visita".

En su resumen Haraldsson indicó que:

> El caso Jensen/Indridason no sólo ofrece una evidencia extraordinariamente convincente de la percepción extrasensorial remota —para usar la terminología de Rhine— sino que el factor motivacional ofrece un argumento fascinante ya que Emil Jensen era una entidad independiente diferente de la persona de Indridi Indridason.[17]

Un juego de ajedrez con el difunto gran maestro

Parece que los comunicadores no sólo pueden dictar mensajes a través de la escritura automática a médiums en trance, sino que también pueden entablar una interacción en dos sentidos a través de los médiums. Una magnífica evidencia de este extraordinario atributo fue aportada en un juego de ajedrez entre un gran maestro vivo y una entidad que se identificaba como un antiguo gran maestro de ajedrez.

No hay forma de que el médium que canalizó este juego pudiera haber obtenido la información que le llegó por medio del difunto gran maestro: el médium no jugaba ajedrez y aseguró que no tenía mucho interés en ese juego. Sin embargo, los mensajes que llegaban a través de él no sólo eran de un gran experto sobre el tema, sino que también mostraban el estilo específico del gran maestro ya fallecido. El caso fue como sigue:

Wolfgang Eisenbeiss, un jugador de ajedrez amateur, recurrió al médium Robert Rollans para que transmitiera las jugadas de un partido con Viktor Korchnoi, considerado en ese momento el tercer gran maestro del mundo, con un jugador al cual Rollans iba a encontrar en estado de trance. Eisenbeiss le dio a Rollans una lista de grandes maestros ya fallecidos y le pidió que entrara en estado de trance para preguntarles cuál de ellos estaría dispuesto a jugar. El 15 de junio de

1985, el ex gran maestro húngaro Geza Maroczy respondió.

Maroczy era el tercer gran maestro a nivel mundial en el año 1900. Rollans le transmitió el motivo que le dio Maroczy: "Estaré a su disposición en este peculiar juego de ajedrez por dos razones. Primero, porque también quiero hacer algo que ayude a la humanidad en la Tierra a convencerse de que con la muerte no se acaba todo, sino que la mente se separa del cuerpo físico y nos llega en un nuevo mundo, donde la vida individual continúa manifestándose en una nueva forma desconocida. Segundo, porque al ser un patriota húngaro, quiero que los ojos del mundo estén puestos en mi querida patria".[18]

Korchnoi y Maroczy comenzaron a jugar. Fue un partido dilatado por las enfermedades de Korchnoi y sus viajes frecuentes: duró siete años y ocho meses. Hablando a través de Rollans, que en su estado normal de conciencia no hubiese tenido idea de lo que estaba ocurriendo, Maroczy expresó sus movimientos en la forma estándar conocida por los jugadores de ajedrez, por ejemplo, 5. A3 – Bxc3+" y Korchnoi respondía a Rollans de la misma forma. Se registró cada movimiento. El juego terminó el 11 de febrero de 1993 cuando en la jugada 48, Maroczy se rindió. Análisis posteriores mostraron que fue una salida inteligente: Korchnoi le hubiese dado jaque mate cinco movidas más tarde.[19]

Casos de comunicaciones grupales

Un elemento recurrente en la comunicación a través de un médium es cuando esa comunicación la facilita un grupo de médiums que trabajan juntos. Uno de los primeros en comentar sobre este tipo de "colaboración espiritual" fue el médium William Stainton Moses.

William Stainton Moses nació en 1839 y fue ordenado cura anglicano en 1870, pero después de asistir a su primera sesión espiritual en 1872 quedó fascinado con las experiencias que transmitían los médiums. Descubrió que él mismo tenía habilidades espirituales y se esforzó por explorarlas. Fue el responsable del establecimiento en 1873 de la Asociación Nacional Británica de

Espiritualistas. En 1882 también participó en la creación de la SPR. Esa asociación no duró mucho. Como ya hemos visto, Moses renunció a la SPR después de que Richard Hodgson desestimara las aseveraciones de William Eglinton en el Journal de la SPR.

Las habilidades como médium de Moses incluían el uso de escritura automática o pasiva, exactamente el mismo proceso que se usó durante las correspondencias cruzadas. Comenzó a recibir mensajes de esta forma en marzo de 1873. Cada sección de la escritura automática estaba firmada "Doctor, el Maestro". Muy pronto aparecieron más espíritus, pero finalmente uno de ellos comenzó a comunicarse por el resto. Se identificaba como "Rector". Pronto apareció un segundo grupo, liderado por una entidad que se autodenominaba "Imperator". Una transcripción registrada por el Dr. Speer, un miembro del grupo de Moses, incluye la siguiente declaración:

> Yo, Imperator Servus Dei, el jefe de una banda de 49 espíritus, soy el espíritu que preside y mantiene el control, bajo cuya guía y dirección trabajan los otros... Vengo de la séptima esfera a ejercitar la voluntad del Todopoderoso y, cuando termine mi trabajo, debo regresar a esas esferas de felicidad de las cuales nadie regresa de nuevo a la tierra. Pero eso no ocurrirá hasta que el trabajo del médium en la tierra haya terminado y su trabajo en la tierra se haya reemplazado por uno más amplio en las esferas.

Imperator explicó que "Rector" y el "Doctor" eran parte de su equipo. Rector era su subdirector y lugarteniente, y el papel del Doctor era el de guiar la pluma del médium receptor. Imperator, y a veces Rector, dictaban información al Doctor, quien entonces guiaba la mano del médium. De esta forma se transferían mensajes de la "séptima esfera" a la Tierra. En ese equipo de cuatro miembros había seres llamados "Guardianes". El equipo estaba integrado por siete entidades que, según ellos, eran parte de un grupo mucho mayor responsable de guiar la vida en la Tierra.[20]

Las comunicaciones del grupo fueron investigadas por F. W. H. Myers, quien reportó en el *Proceedings* de la SPR que las comunicaciones:

> no eran producidas fraudulentamente por el Dr. Speer u otros portadores... Considero como demostradas tanto por las consideraciones morales como por el hecho de que fueron reportadas constantemente mientras ocurrían cuando el Sr. Moses estaba solo. Que el Sr. Moses las haya producido de forma fraudulenta lo considero tanto moral como físicamente increíble. Que las haya preparado y producido en un estado de trance, lo considero como físicamente increíble y también como completamente inconsistente con el significado de sus reportes y los de sus amigos. Por tanto considero que los fenómenos reportados realmente ocurrieron de una manera genuinamente sobrenatural.[21]

LA COMUNICACIÓN A TRAVÉS DE UN MÉDIUM: LO QUE NOS MUESTRA LA EVIDENCIA

Como se indicó anteriormente, la comunicación con los muertos a través de un médium no está exenta de dudas. ¿Es realmente la comunicación con personas muertas transmitida por los médiums o es producida de alguna manera por ellos?

Los casos que aquí se presentan muestran una evidencia razonable de que los médiums no inventaron los mensajes porque no tenían la información incluida en esos mensajes. En algunos casos se empleó un idioma desconocido para ellos y en otros se requería de habilidades y conocimientos (como en el caso del juego de ajedrez entre el gran Maestro vivo y el difunto) que los médiums no poseían.

¿Pudieron los médiums, de alguna forma oculta o inusual, haber obtenido de personas vivas la información que canalizaron? Hasta donde pudimos establecer, en los casos mencionados nadie en el entorno de los médiums tenía la información pertinente. ¿Recibieron los médiums la información de personas más allá de su contexto? De esto pudiera inferirse que ellos pudieron escanear el campo del conocimiento relacionado con el suceso y recibir la información que deseaban a través de una forma de súper Percepción Extrasensorial (Extra Sensory Perception— ESP, en inglés). Esta posibilidad no puede ser excluida, pero exige un tipo de proceso que es mucho menos creíble que la propia comunicación con los muertos. Pero la hipótesis de la "súper ESP" vuelve al tema en el caso del juego de ajedrez con el fallecido gran maestro. Es improbable que hubiese existido una persona viva que tuviera el conocimiento que se mostró en el juego, un conocimiento que no sólo estaba al nivel de expertos, sino que además poseía el estilo de un gran maestro que había muerto hacía 100 años y que dictaba los movimientos en el juego.

En los casos anteriores los mensajes transmitidos por los médiums parecían originarse en una entidad con información que ninguno de los médiums, ni las personas que los rodeaban, podrían haber poseído. Era extraordinario que, en algunos casos, la entidad comunicante mostrara la intención de comunicarse, ya fuese para resolver un crimen o para aclarar un suceso hasta ahora desconocido. También mostraba la intención de disipar todo tipo de duda razonable sobre la autenticidad de sus mensajes. El fraude en estos casos, ya sea consciente o inconsciente, estaba casi excluido. Al parecer la entidad contactada es un tipo de conciencia cuasi viva, pero no es la de una persona viva en la actualidad.

4

Transcomunicación* instrumental

Según la psicofonía o Fenómenos de Voz Electrónica (FVE), el contacto y comunicación con personas muertas —conocido como "transcomunicación"— también puede crearse electrónicamente. El FVE es un fenómeno que se observa repetidamente y que recientemente ha sido grabado. Se han publicado libros y artículos que se refieren a relevantes experimentos y observaciones.

El investigador de FVE que primero atrajo una amplia atención internacional fue el latvio Konstantin Raudive. En su libro de 1971 *Breakthrough* (Descubrimiento) reportó que había grabado unas 72.000 voces emitidas por fuentes paranormales inexplicables, de las cuales 25,000 contenían palabras identificables. Desde entonces se ha llevado a cabo una amplia gama de experimentos controlados.

Los estudios sobre psicofonía se están expandiendo y la cantidad de investigadores serios en ese terreno ha crecido. Uno de los estudiosos más respetados en ese campo es François Brune, un cura católico que ha explorado el terreno durante muchos años y ha escrito varios libros sobre

---

*Los autores desean agradecer a la Dra. Anabela Cardoso, la investigadora más famosa actualmente a nivel internacional sobre transcomunicación instrumental, por su valiosa colaboración en la preparación de este capítulo.

el tema. El padre Brune estima que hay varios miles de investigadores en varias partes del mundo, la mayoría en Norteamérica y Europa.

LOS PRIMEROS EXPERIMENTOS CON LA COMUNICACIÓN TRANSMITIDA ELECTRÓNICAMENTE

A fines del siglo XIX los científicos descubrieron que el mundo físico que se presenta a los sentidos es sólo un aspecto de un universo complejo lleno de rayos, radiaciones y campos invisibles. Esos descubrimientos alimentaron las expectativas de que, a través de esas dimensiones o regiones invisibles, se podría crear contactos y comunicación con aquellos "en el más allá", posiblemente en otra dimensión del universo.

La idea de que hay un mundo más allá de nuestros sentidos ganó notoriedad con un descubrimiento que hizo el físico británico de origen alemán William Herschel. Herschel estaba midiendo las temperaturas de diferentes colores usando un termómetro que movía a través de la luz que un prisma transformaba en un arcoíris. Notó que la temperatura más alta estaba en el lado rojo del espectro, localizado al final del arcoíris. Al año siguiente, en 1801, el químico alemán Johan Ritter advirtió que en el lado opuesto del arcoíris otra forma invisible de luz servía de catalizador a reacciones químicas. Quedaba claro con estos descubrimientos que la luz visible era sólo parte de un espectro mucho más amplio e invisible.

En 1845, Michael Faraday observó que cuando la luz viajaba a través de un material transparente era alterada por un imán. A esto se le llamó "el efecto Faraday". En 1864, el matemático escocés James Clerk Maxwell descubrió que el "electromagnetismo" y la luz eran el mismo fenómeno.

Maxwell desarrolló posteriormente un grupo de ecuaciones matemáticas que predecían el comportamiento de estas ondas electromagnéticas (EM) y sugirió que hay un número infinito de frecuencias que viajan a través del espacio.

En 1866, Heinrich Hertz usó las ecuaciones de Maxwell para descubrir otra forma de energía electromagnética llamada ondas de radio. Se podían usar para enviar mensajes de forma inalámbrica de un lugar a otro a la velocidad de la luz. La telegrafía, usando el código Morse, ya enviaba mensajes por cables desde la década de 1840, pero el uso de sistemas inalámbricos con radiofrecuencias fue revolucionario.

Las ondas de radio, totalmente invisibles para los humanos, fueron vistas como una evidencia de que —más allá de las percepciones cotidianas— el universo contenía una vasta cantidad de información que podían captarse con receptores hechos por el hombre. Sir Oliver Lodge, un físico conocido por sus aportes a la teoría electromagnética, comenzó sus experimentos a finales del siglo XIX. El 14 de agosto de 1894, en un encuentro de la Asociación Británica para el Avance de la Ciencia, demostró la comunicación potencial de las señales de radio. El año anterior, el científico serbio Nikola Tesla demostró una posibilidad similar con las ondas Tesla, y un año después, Guglielmo Marconi mostró que el campo electromagnético es un medio de comunicación invisible. Esos científicos consideraban que esa forma de comunicación podría usarse para comunicarse con niveles más altos de la existencia.

El electromagnetismo o "transcomunicación espiritual" recibió un impulso técnico en 1877 cuando Edison descubrió un proceso para grabar y reproducir voces humanas. Se podían guardar grabaciones de voces humanas y también de eventos musicales.

En 1901, el etnográfo estadounidense Waldemar Borogas se encontraba en Siberia investigando las costumbres de los chamanes chukchi. Usó el fonógrafo portátil de Edison para grabar los cánticos e invocaciones de los chamanes y analizarlos posteriormente. Borogas presenció ceremonias en las cuales los chamanes entran en estados letárgicos, mientras los tambores repican rítmicamente. Para su gran sorpresa, cuando observaba estas ceremonias, escuchó voces espectrales, que también fueron grabadas por el fonógrafo. En su libro *Talking to the Dead (Hablando con los muertos),* George Noory escribió que durante una sesión posterior los chamanes se comunicaron directamente con el origen de las voces y de nuevo ayudaron a que estas se manifestaran y permitieran ser grabadas.[2] Desafortunadamente, esas grabaciones se perdieron.

Otro equipo que se ha perdido es el "Teléfono Vocativo Cambraia", que inventó Augusto de Oliveira, un investigador portugués radicado en Brasil. De Oliveira no era el único interesado en el tema. En 1933, su compatriota Prospero Lapagese publicó planos de un "artefacto eléctrico para la comunicación espiritual" que no solo captaría las voces de los espíritus sino también fotos de ellos por medio de una variante de rayos X, aunque no se sabe si el aparato se llegó a fabricar. Sin embargo, el brasilero-portugués Oscar d'Argonnel parece haber sido el primero que recibió verdaderas conversaciones telefónicas de los muertos. En un pequeño libro publicado en portugués bajo el título *Voces del más allá por teléfono* describió cómo mantenía cientos de claras conversaciones telefónicas con amigos y familiares fallecidos, así como con personas que hasta entonces no conocía.[3] De ellos obtuvo información desconocida que después pudo confirmar y verificar su autenticidad. La mayor parte de la información estaba relacionada con la dimensión en la que estaban ahora los fallecidos. Las descripciones de las características de estos contactos extraordinarios coincidían perfectamente con las voces recibidas por otros investigadores de la transcomunicación instrumental años más tarde, así como la información que aportaron.

ALGUNOS CASOS DE TRANSCOMUNICACIÓN INSTRUMENTAL

Las diversas formas de Transcomunicación Instrumental (TCI) incluyen radios, televisores, teléfonos, computadoras, cámaras y otros equipos tecnológicos.

Casos de transcomunicación por la voz

En las décadas de los años 1930 y 1940 se produjo una caída en el interés por la transcomunicación electrónica y el tema fue olvidado hasta septiembre de 1952, cuando dos curas católicos escucharon algo raro en sus cintas de grabaciones.

El padre Agostino Gemelli y el padre Pellegrino Ernetti estaban grabando cantos gregorianos en el laboratorio de Física de la

Universidad Católica de Milán. Las cintas se rompían y eso tenía a Gemelli frustrado. Como de costumbre en esas situaciones, el cura pidió ayuda a su padre muerto. Para él esto era una forma de aliviar su malestar, probablemente una versión sacerdotal de lo que pudiera ser una blasfemia. Unos minutos después la cinta quedó reparada y los curas pudieron reproducir la grabación. Para su sorpresa, no había un canto gregoriano, sólo una voz que decía "Claro que te voy a ayudar, yo siempre te acompaño". De inmediato Gemelli reconoció la voz de su padre. Estupefacto, el cura decidió repetir la grabación. Esta vez Gemelli preguntó "¿En realidad eres tú, papá?" Con creciente nerviosismo reprodujo la cinta. "Claro que soy yo, ¿no me reconoces, *testone*?" Testone es una palabra cariñosa que en italiano significa "cabeza dura".

Los curas estaban contentos pero preocupados. Decidieron llevar el asunto al propio papa Pío X. Para su alivio, el Pontífice les dijo que esto pudiera ser "el comienzo de un nuevo estudio científico que confirmaría la fe en el más allá".[4]

En 1969, y como una muestra de gratitud por su trabajo en el Vaticano, donde pintó varios retratos del Papa, y por su documental *The Fisherman from Galilee—On the Grave and Stool of Peter* (El pescador de Galilea— en la tumba y el banco de Pedro), el papa Pablo VI galardonó al sueco de origen ucraniano Friedrich Jürgenson con la Cruz de la Orden de San Gregorio Magno, uno de los cinco títulos de caballero de la Santa Sede. Jürgenson fue uno de los investigadores de TCI más influyentes de su época, así como un famoso pintor, músico y director de películas. Se topó con este fenómeno por primera vez en 1959 mientras grababa los cantos de los pájaros en los alrededores de su casa en Mölnbo, Suecia. Cuando reprodujo la grabación quedó sorprendido al escuchar en la cinta la voz de un hombre. Hablaba en noruego y se refería a los hábitos nocturnos de las aves. Fue esa coincidencia la que llevó a Jürgenson a pensar que no se trataba de una simple transmisión de radio que recogió el magnetófono.

Unas semanas más tarde grabó otra voz. Esta vez era de una

mujer y al parecer se dirigía a él directamente. Preguntó "Friedel, mi pequeño Friedel, ¿me escuchas?" Friedel era como cariñosamente lo llamaba su madre, que había muerto años antes. Jürgenson quedó convencido de que estas comunicaciones provenían de individuos conscientes que habían fallecido. Su madre le hablaba a él en alemán, y la grabación inicial estaba en noruego. A lo largo de los años había logrado muchas grabaciones en una gran cantidad de idiomas. Muchas de ellas fueron identificadas más tarde como voces de amigos cercanos o familiares ya muertos.[5]

En 1964, Jürgenson publicó su libro *The Voices from Space* (Las voces desde el espacio). Allí comenzó una larga relación profesional con el profesor Hans Bender, director del Instituto de Parapsicología de la Universidad de Freiburg. Bender trabajó con Jürgenson en varios lugares por todo el mundo y usó diferentes tipos de equipos de grabación. Aunque consideraba que el suceso era real, Bender se resistía a la idea y no aceptó las grabaciones como prueba de que la conciencia sobreviva después de la muerte. Consideraba que el propio subconsciente de Jürgenson había influido de manera psicoquinética en las grabaciones.[6]

Tal vez el investigador más importante que más tarde se aventuró en este campo fue Konstantin Raudive. Raudive había escrito una serie de libros después de la Segunda Guerra Mundial que se enfocaban en lo que podría ocurrirle a la conciencia tras la muerte del cuerpo. A comienzos de la década de 1960, cuando conoció los trabajos de Jürgenson, Raudive vivía en Alemania Occidental. Tras reunirse con Jürgenson, preparó su propio proyecto de investigación y en 1968 publicó los resultados de sus experimentos bajo el título *Unhörbares Wird Hörbar*, el libro que mencionamos anteriormente y que en Gran Bretaña se publicó como *Breakthrough* (Descubrimiento).

Una de las técnicas usadas por Raudive fue sintonizar un radio en una frecuencia donde no había transmisión y grabar en una cinta el ruido de la estática. Raudive aseguró que a veces se podían escuchar voces en ese "ruido blanco". En varias ocasiones recibió mensajes dirigidos a él personalmente, muchos de ellos en latvio. Aseguraba que la mayoría provenía de familiares y amigos fallecidos. También notó que al parecer las voces hablaban a más del doble de la velocidad de una conversación humana estándar. Minuciosamente identificó otras características peculiares que se han descrito en este libro. A pesar de las acusaciones de investigadores no familiarizados con los idiomas en que hablaban las voces y que decían que algunas de las grabaciones eran pedazos de conversaciones con poco sentido, la gran mayoría de sus mensajes eran precisos y apropiados. Su libro *Breakthrough* (Descubrimiento), que contiene la transcripción de miles de mensajes en sus más de 240 páginas, demuestra la relevancia de estos mensajes para los investigadores, para los participantes en experimentos de TCI y para todos los que siguen este fenómeno.[7]

Jürgenson y Raudive trabajaron juntos en varias ocasiones, y siempre se confirmaron los resultados de cada uno. Por ejemplo, en 1967 Jürgenson aseguró que podría comprender las más de 300 voces que Raudive había grabado por años. Indicó que algunas de las voces en sus grabaciones eran las mismas que había grabado Raudive.

Poco antes de que se publicara en 1971 el libro *Descubrimiento* de Raudive, el editor inglés Colin Smythe preparó una serie de experimentos donde participaron técnicos de los estudios Pye Recording. Cuatro grabadoras de cinta quedaron protegidas de cualquier posible interferencia de ondas de radio y se les dejó que grabaran por 18 minutos. Para gran sorpresa de los técnicos, las cintas recogieron sonidos a pesar de que nada se escuchaba a través de los audífonos. Cuando se reprodujeron las grabaciones, se pudieron escuchar más de 200 voces separadas, 27 de las cuales contenían enunciados perfectamente comprensibles. De acuerdo con Peter Bander, uno de los testigos, Sir Robert Mayer, estaba convencido de que una de las voces era la de su amigo el pianista Arthur Schnabel, fallecido recientemente.[8]

Un segundo grupo de experimentos se llevó a cabo en los estudios

Belling & Lee, de Enfield. Nuevamente se grabó una serie de claros mensajes de FVE, a pesar de la gran protección que se usó contra interferencias de radio. Ese mismo año, George Meek, un inventor, negociante e ingeniero recién retirado, abrió un pequeño laboratorio en Filadelfia. Meek era un hombre pudiente que estuvo fascinado con los fenómenos paranormales la mayor parte de su vida. Su interés principal eran los FVE, y consideraba que las voces anómalas sólo podían ser analizadas detalladamente si se usaban equipos de la tecnología más moderna. Creía que el conocimiento para lograr todo esto no estaba disponible en este lado del canal de comunicación y que era necesario solicitar la ayuda de un científico o ingeniero que hubiese "pasado al otro lado". Sabía muy bien que, en general, un médium era quien facilitaba la comunicación con los muertos, por lo que puso un anuncio en la revista *Psychic Observer*. Tuvo mucha suerte, porque el talentoso clarividente William O'Neil vio el anuncio. Aunque es inusual en este tipo de personas, O'Neil era también un aficionado a la ingeniería eléctrica, por lo que podía además comprender cualquier tipo de instrucción técnica que recibiera de un ingeniero fallecido que deseara participar en el ambicioso proyecto. En 1973, O'Neil pasó a ser parte de la nómina de Meek, y así comenzó la búsqueda del contacto adecuado en el más allá.

En pocas semanas una entidad incorpórea se identificó como el Dr. George Mueller. Ansioso por demostrar que esa entidad era quien decía ser, Meek, a través de O'Neil, pidió información sobre la vida de Mueller. Los datos llegaron enseguida y resultaron ser correctos. A través de ellos los investigadores pudieron conocer más sobre la vida del verdadero Dr. George Mueller. La entidad dijo que en 1928 había obtenido el diploma de ingeniero eléctrico en la Universidad de Wisconsin en Madison y que se había graduado en el grupo de los estudiantes más sobresalientes de su clase. En 1930 obtuvo una maestría en Cornell, seguida de un doctorado en la misma institución. No hay dudas de que O'Neil pudo haber encontrado toda esa información, pero había otros elementos que resultaban más difíciles de descubrir. A través de O'Neil el fallecido Mueller aportó su número de seguro social, aunque lo más destacado resultó ser su descripción detallada sobre la máquina que había creado para el tratamiento de la artritis. Tal información no se había hecho pública y sólo la conocía Mueller. Basándose en las instrucciones del científico muerto, el equipo de Meek elaboró un prototipo que funcionó perfectamente.

El pequeño equipo de Meek, O'Neil y su espíritu asociado trabajaron juntos en el diseño y la construcción de una máquina que pasó a conocerse como "Spiricom". Tal era el entusiasmo de Meek por esta herramienta de comunicación, que creó la Fundación de la MetaCiencia (MetaScience Foundation) en Carolina del Norte e invirtió más de medio millón de dólares en ella. En 1982, Meek anunció que se había perfeccionado un poderoso dispositivo que permitiría la comunicación en dos sentidos entre el mundo terrenal y el espiritual.

Lamentablemente, el éxito del Spiricom duró poco. George Mueller, el contacto con el otro mundo, había advertido que no iba estar disponible por mucho tiempo para facilitar las comunicaciones. Junto a O'Neil y Meek trabajó para hallar formas de fabricar un dispositivo de comunicación más poderoso, pero el tiempo se estaba acabando. Muy pronto se perdió el contacto, y el Spiricom se sumió en el silencio. Meek siguió trabajando y dictando conferencias por el mundo, promoviendo la idea de que se puede lograr un contacto directo con los muertos. Como ha ocurrido en otros casos sorprendentes de transcomunicación electrónica, las acusaciones de fraude contra el Spiricom no demoraron en aparecer. Sin embargo, los libros de Meek y la descripción detallada de John Fuller de sus observaciones in situ[9] del trabajo de George Meek y O'Neil dejaron clara su autenticidad.[10]

La influencia de Jürgenson también estimuló a Hans Otto König, un ingeniero profesional en electroacústica, a incursionar en el terreno. Una tarde de 1974, mientras König veía televisión en su casa de la ciudad de Mönchengladbach, se presentó un programa con Friedrich Jürgenson y Hans Bender hablando sobre FVE. Aunque el tono general del show era más bien escéptico, König decidió iniciar sus propios experimentos. Consideraba que las voces emanaban de la mente subconsciente de quien las experimentaba y no de los muertos. Al principio usó el método estándar de sintonizar la radio en una frecuencia donde sólo se podía escuchar el sonido de la estática. Sin embargo, escuchó la voz de su madre ya fallecida llamándolo por su nombre y preguntándole si la escuchaba. Esto lo convenció de que las voces eran lo que decía Jürgenson: comunicaciones de otra dimensión en tiempo y espacio. Continuó sus experimentos usando agua que salía del grifo como ruido de fondo. Con el tiempo se convenció de que la forma de lograr una comunicación más eficaz era la del "ruido blanco" en la frecuencia que ocupa el ultrasonido (por encima de la gama audible de 20 a 20,000 Hertz) que las cintas magnéticas pueden grabar. Como el ultrasonido era la especialidad de König, estaba en una posición ideal para poner a prueba la comunicación con los espíritus.

Muy pronto König preparó equipos que facilitaban el contacto bidireccional de una manera similar al Spiricom de Meek. El 6 de noviembre de 1982, en un simposio de la VTF (*Verein fuer Tonbandstimmenforschung*— Asociación para la Investigación de Voces Grabadas en Cintas Magnéticas), la organización alemana sobre FVE, presentó al mundo los frutos de su labor: un dispositivo que llamó *Ultraschallgenerator* (Generador ultrasónico) y que fue presenciado por varios cientos de personas. Aparentemente, funcionó bien en un grupo de comunicaciones que escucharon todos los presentes.

La noche del 15 de enero de 1983, millones de personas escucharon a König presentar su sistema en una transmisión de radio en vivo llamada *Unglaubliche Geschichten* (Historias increíbles). Conducida por el presentador Rainer Holbe, este era un popular programa que cubría amplias áreas del norte de Europa. La audiencia pudo escuchar con claridad una serie de respuestas a preguntas que hizo König a supuestos "comunicadores" transdimensionales. "¿Puedo intentar contactarte?", preguntó en alemán, y recibió la respuesta: "*Versuch!*" (¡Inténtalo!). Entonces preguntó si las entidades podían escucharle y si él estaba en la frecuencia correcta. Se le respondió: "*Wir hören Deine Stimme*" (Escuchamos tu voz). Hasta ese momento poco se conocía sobre los comunicadores.

Sin embargo, en una respuesta interesante y aparentemente fuera de contexto, un comunicador dijo: "*Otto König macht Totenfunk*". La palabra *Totenfunk* había sido creada recientemente por los investigadores para describir los mensajes radiofónicos con los muertos. Con ellos se mostraba que los comunicadores conocían de alguna manera información que no había sido parte de comunicaciones directas anteriores. Se consideró como algo relevante que los comunicadores hubiesen llamado a König por su nombre. En otro intercambio una entidad dijo "*Ich komm nach Fulda*" (Vengo a Fulda). Fulda era el pequeño pueblo alemán donde se celebró el simposio de noviembre de 1982. Esto implicaba que las entidades recuerdan los lugares donde se comunican con los vivos.

Como había ocurrido en otros momentos en un terreno tan controversial, la validez del generador ultrasónico de Hans-Otto König ha sido cuestionada.

Recientemente, la Dra. Anabela Cardoso, una experimentada diplomática portuguesa, llevó a cabo una serie de experimentos extraordinarios. Usó el ruido blanco proveniente de radios de onda corta y un radio de amplitud modulada (AM) sintonizado en la frecuencia de 1500 KHz como acústica de fondo. Esa frecuencia es conocida entre los investigadores de FVE como "la onda" y es en la que Jürgenson tuvo su mayor éxito.[11]

Al recibir respuestas a sus preguntas tanto en las grabaciones como directamente a través de la radio, Cardoso quedó convencida de que los fenómenos son auténticos y ameritan documentación y exploración. Creó la publicación internacional *ITC Journal* donde se divulgaron artículos sobre investigaciones, inicialmente en portugués, español e inglés. Unos años más tarde el Journal sólo se publicaba en inglés. La mayoría de los comunicadores de Cardoso hablaban portugués, con alguna que otra comunicación en español o inglés, idiomas que ella hablaba con fluidez. De acuerdo con David Fontana, que presenció varios de los experimentos de Cardoso, la posibilidad de fraude o interferencia de otras personas quedaba totalmente desechada.[12]

En 2010 Anabela Cardoso escribió un libro sobre su trabajo con la TCI y publicó un disco compacto con ejemplos de voces electrónicas anómalas recopiladas en su libro.[13]

Auspiciados por dos fundaciones científicas internacionales, durante 2008 y 2009 se realizaron en la Universidad de Vigo, España, varios experimentos extremadamente controlados con grabaciones de voces electrónicas anómalas. Anabela Cardoso fue la directora de investigaciones y la conductora principal de las pruebas de FVE que preparó un equipo de renombrados investigadores europeos en TCI. Los exámenes estaban inspirados en el trabajo de Hans Bender con Jürgenson y por los experimentos de Konstantin Raudive en Inglaterra, documentados por Peter Bander, el editor asociado de Colin Smythe.[14]

Por un período de dos años se llevó a cabo un gran número de experimentos en el altamente insonorizado Laboratorio de acústica de la Escuela de Ingeniería de la Universidad de Vigo, así como en un estudio profesional de grabaciones. Los estudios fueron supervisados por ingenieros electrónicos y técnicos de sonido independientes. Se obtuvo un número considerable de resultados positivos, como se describe en el informe.[15]

Casos de transcomunicación por vídeos

En noviembre de 1982 un grupo de amigos en Alemania se reunieron con Klaus Schreiber, quien sugirió que probaran los FVE. Encendió una grabadora e invitó a un amigo muerto a que los acompañara. Todos se sentaron en silencio mientras la cinta grababa los sonidos ambientales en la habitación. Después de unos 10 minutos reprodujeron lo que se había grabado. Al principio no escucharon nada y entonces, cuando la cinta ya llegaba a su fin, escucharon con claridad las palabras "Hola, amigos".

Schreiber estaba convencido de que las FVE eran una herramienta poderosa para la comunicación con los muertos. Posteriormente instaló un grupo de aparatos de grabación en el sótano de su casa con la esperanza de captar comunicaciones extrañas. Sin embargo, en vez de usar de fondo el sonido de un radio sintonizado en una onda de banda específica como "ruido blanco", usó un equipo llamado "psicófono", inventado por el investigador vienés de fenómenos de voz electrónica Franz Seidl. Este aparato escaneaba continuamente una extensa área del ancho de banda, produciendo un campo sonoro cualitativamente diferente al del ruido blanco ordinario. Schreiber aseguraba haber recibido muchos mensajes de los muertos usando este sistema.

Al parecer los comunicadores querían expandir los canales de comunicación al vídeo. El mensaje inicial de FVE que recibió Schreiber, supuestamente de su hija, decía "Venimos por vía de la televisión" *(Wir kommen ueber Fernsehen)*, seguido de "Pronto nos verán en televisión" (*Bald siehst du uns im Fernsehen*). En mayo de 1984 los mensajes se hicieron más específicos, con la instrucción "Graben esto en TV" (*Spiel im TV ein*).

Como respuesta a esos pedidos, Schreiber preparó un elaborado sistema de retroalimentación electro-visual con una cámara de vídeo que filmaba un televisor sintonizado en un canal en blanco. La imagen de la cámara se devolvía al monitor de televisión, que entonces era filmado por la cámara de vídeo. La cámara estaba colocada en un ángulo ligeramente descentrado en relación con la pantalla del televisor. Como resultado, se obtuvo una serie de trazos de luz que Schreiber analizó cuadro a cuadro.

En uno de esos experimentos iniciales Schreiber asegura haber recibido una imagen de su hija muerta Karin. A partir de entonces Karin se convirtió en su agente desde el más allá. Karin le dijo a su padre que las imágenes sólo podían ser en blanco y negro porque en su mundo aún no se había desarrollado la tecnología para transmitir imágenes a color. Pronto aparecieron otras imágenes, algunas de ellas de famosas personalidades de los medios alemanes ya fallecidas como Romy Schneider y Kurt Juergens. La aparición en la pantalla de TV de Romy Schneider fue presenciada por el presentador de Radio Luxemburgo Rainer Holbe. Se dice que cuando apareció dijo: "Mi hijo está conmigo. Estamos todos unidos aquí" (*Mein Sohn ist bei mir—wir alle sind hier vereint*).[16]

Schreiber murió en 1988, pero su trabajo continúa, ahora en manos de su amigo Martin Wenzel y de Maggy y Jules Harsch-Fischbach, una pareja radicada en Luxemburgo. El 1 de julio de 1988 recibieron imágenes y sonidos claros, supuestamente de otra dimensión. Los ayudaba una entidad que los Harsch-Fischbachs más tarde llamaron "el Técnico". Los Harsch-Fischbachs creían que las transmisiones eran facilitadas por el fallecido Konstantin Raudive. Se les informó que el grupo con el que trabajaban se llamaba Timestream.

Los investigadores alemanes Friedrich Malkhoff y Adolf Homes trabajaban muy unidos a los Harsch-Fischbachs. En el otoño de 1987 Malkhoff escuchó una transmisión de radio sobre FVE dirigida por Rainer Holbe que lo dejó intrigado y decidió intentar algunas grabaciones por sí mismo. Para su gran sorpresa escuchó voces en las cintas. En la primavera de 1988 vio un anuncio de Adolf Homes en una revista. Homes también vivía en el área de Trier y estaba buscando a alguien que compartiera sus intereses en FVE. Había recibido una comunicación de una entidad cuyas instrucciones eran similares a las que se recibieron de "el Técnico". Malkhoff y Homes creían que estaban en contacto con la misma entidad.

En Luxemburgo los Harsch-Fischbachs recibieron mensajes que supuestamente eran de un grupo de personajes históricos, incluyendo el explorador británico Richard Burton, el químico francés Henri Sainte-Claire Deville, el científico alemán de aeronáutica Werner von Braun y el clarividente suizo Paracelso. En el grupo también había entidades que decían ser Raudive y Jürgenson, y otra entidad se identificó como Swejen Salter y dijo haber vivido su vida física en un planeta que no era la Tierra.

El 20 de julio de 1990 los equipos de Alemania y Luxemburgo decidieron unir sus esfuerzos. Pocos días después los Harsch-Fischbachs recibieron un mensaje que decía "Nosotros, el grupo *Zeitstrom*, conjuntamente con el grupo *Centrale*". Aparentemente los comunicadores, al unirse, decidieron seguir el ejemplo de sus contactos terrenales. Al comunicarse con ellos, los equipos de "este lado" obtuvieron los resultados más sorprendentes jamás logrados en la historia de la FVE. La información les llegó a través de sus computadoras, teléfonos y un complejo equipo de audio ensamblado en la casa de los Harsch-Fischbachs con la ayuda de "el Técnico". Se recibió un gran número de mensajes de Konstantin Raudive y una serie de correspondencias cruzadas similares a las que inició Myers unos años antes.

Durante una de las sesiones, Raudive presentó al grupo de los vivos de Luxemburgo un nuevo miembro del equipo *Zeitstrom* llamado Carlos de Almeida. De Almeida se dirigió a los Harsch-Fischbachs en portugués. Llamaba al equipo *Zeitstrom "Rio do tempo" (en español zeitstrom* es "corriente del tiempo"). Una portuguesa conocida de los Harsch-Fischbachs le contó lo ocurrido a Anabela Cardoso, quien decidió pedirle ayuda a su compatriota Carlos de Almeida con sus experimentos de transcomunicación. Muy pronto entró en un contacto regular con él y con otros miembros del grupo Rio do Tempo.[17]

Hay casos de transcomunicación instrumental que están más allá de toda duda razonable. Ambos autores de este estudio experimentaron casos similares y Laszlo reportó uno de ellos en su libro *Quantum Shift in the Global Brain* (El cambio cuántico). Los párrafos siguientes, extraídos de ese libro, describen el experimento.

> *7 de abril de 2007.* Estoy sentado en una habitación oscura en el poblado italiano de Grosseto junto a un grupo de 62 personas. Es de noche y no hay otro sonido que no sea el de la onda corta de un radio. Es un viejo radio de tubos al vacío, del tipo que no funciona con transistores sino con válvulas.

Estoy sentado en una banqueta pequeña detrás de un anciano italiano que lleva un sombrero y que está vestido como si aún fuera invierno, a pesar de que hay calor y la temperatura en la habitación sube rápidamente.

El italiano —un renombrado clarividente que no se considera a sí mismo un médium comercial sino un serio investigador psíquico— es Marcello Bacci. Durante los últimos 40 años ha estado escuchando voces a través de su radio y está convencido de que son las voces de personas que han fallecido. Los que vienen a sus habituales "diálogos con los muertos" también están convencidos de ello. Son personas que han perdido un hijo o una hija, un padre o una madre o una esposa, y tienen la esperanza de escucharlos hablar por el radio de Bacci.

Llevamos una hora sentados en la habitación oscura. Bacci está palpando con ambas manos la caja donde está el radio, acariciándole los lados, el fondo y la parte superior mientras le habla. "Amigos, vengan, hablen conmigo, no tengan dudas, estamos aquí, esperándolos..."

Pero no pasa nada. Mientras Bacci juega con el dial, la radio emite el ruido de la estática propio de la onda corta o el de la transmisión de una estación. Me estoy convenciendo de que las dudas que albergué al principio eran justificadas: a fin de cuentas, ¿cómo un receptor de onda corta va a recibir voces "del más allá"? ¿Cómo puede "el más allá" transmitir señales a través del espectro electromagnético? Bacci sigue acariciando radio, dando vueltas al dial y hablándole a las voces. Estoy sentado detrás de él esperando un milagro...

Y entonces, hay sonidos cómo de una respiración profunda, como de un tubo de caucho o una almohada que se inflan con aire. Bacci dice: "¡Al fin"! Sigue moviendo el dial, pero ya no hay transmisiones de onda corta. Dondequiera que coloca el dial la radio transmite una respiración rítmica. Toda la radio parece estar sintonizada en una sola frecuencia, una que un colega de Bacci está monitoreando cuidadosamente en un equipo a mi derecha.

Bacci le habla al radio, alentando a quien sea, o lo que sea que está respirando o soplando aire, a que le responda. Ahora llegan voces a través del aire. Voces apenas humanas, confusas, difíciles de entender, pero hablan en italiano y Bacci parece entenderlas. Toda la habitación se paraliza, sumida en su concentración. La primera voz es de un hombre. Bacci le habla y la voz responde. Bacci le dice que hay mucha gente allí esa noche (un grupo normal no tiene más de doce personas) y que están todos ansiosos por entablar una conversación.

Bacci dice que detrás de él —justo a mi izquierda— hay alguien sentado que ellos conocen. "¿Quién es?" Es el famoso investigador y psíquico francés, el padre Brune. Perdió a su hermano hace un año, lo ha contactado desde entonces y espera hacerlo de nuevo. La voz responde "Père Brune" (como se le conoce al padre Brune en su Francia natal). El padre Brune pregunta "¿Con quién estoy hablando?" Resulta que no es su hermano, sino el padre Ernetti, el cura que participó en los experimentos iniciales. Era un amigo cercano y colega del padre Brune que había muerto hacía póco.

Hablaron por un rato y entonces Bacci —que sigue inclinado sobre el radio acariciándolo— dice "¿Saben quién más está sentado aquí, exactamente detrás de mí?" Una voz que parece diferente, pero también de un hombre, dice "Ervin" con acento húngaro o alemán. Bacci pregunta "¿Sabes quién es?" Y la voz responde "*É ungherese*" (Es húngaro). La voz pronuncia entonces mi apellido, pero lo hace como a veces lo hacen los italianos: " Latzlo" y no como los húngaros, con una "s" suave: "Lasslo".

Bacci me pide la mano —estoy sentado precisamente detrás de él— y coloca mi mano sobre la suya. Su esposa y colega de muchos años pone su mano en la mía. Mi mano queda entre las de ellos, y se está calentando... la verdad es que bastante. Bacci me dice "Háblales en húngaro". Me inclino al frente y hablo. Mi voz es entrecortada, porque estoy emocionado. Lo impensable está ocurriendo, tal como había esperado, pero que a duras penas me atrevía a anticipar. Les digo lo feliz que me siento al hablar con ellos. No creo que debo preguntarles si están muertos (Cómo le dices a alguien con quién estás hablando "¿Estás muerto?"), sino que pregunto "¿Quiénes son ustedes y cuántos son?" La respuesta que me llega en húngaro es confusa pero puedo reproducirla: "Estamos todos aquí" (una voz agrega: "el Espíritu Santo conoce todos los idiomas"). Entonces pregunto "¿Les resulta difícil hablarme de esta forma?" (pensaba en la respiración extremadamente ardua que precedió la conversación). Una mujer responde con claridad y en húngaro "Tenemos algunas dificultades (u obstáculos), pero ¿cómo es para ti, también tienes dificultades?" Respondo: "No fue fácil para mí hallar esta forma de comunicarme con ustedes, pero ahora puedo hacerlo y estoy encantado".

Bacci está pensando en toda la gente que espera para contactar a sus seres amados y desvía la atención a otros que están en la habitación sin identificar a nadie por su nombre, sólo recordando que ellos también desean obtener respuestas. La voz —la misma o una voz masculina diferente— menciona una cantidad de nombres, uno tras otro. La persona mencionada responde, a veces con una temblorosa voz de esperanza. "¿Puedo escuchar a María (o Giovanni...)?" A veces sale al aire una voz más joven y una persona en la habitación da un grito de placer al reconocerla.

Y así continúa por una media hora. Hay interrupciones ocasionadas por el sonido del aire que irrumpe como en una respiración agitada. (Bacci explica: "Se están recargando"), pero las voces regresan, hasta que en un momento parece que todas se han ido. Bacci mueve el dial en la banda de onda corta, pero sólo se escuchan la estática y algunas estaciones, como ocurrió durante la primera hora. Se levanta, se encienden las luces. La sesión ha terminado.[18]

Hay un hecho curioso relacionado con la autenticidad de la rara transmisión radial de Bacci. Comenzó, como todos los experimentos de Bacci, precisamente a las 7:30 p.m., aunque las voces comenzaron sólo una hora después, cuando nuestros relojes marcaban las 8:30 p.m. Pero hacía poco que Europa había cambiado del horario de invierno al de verano, por tanto, las 8:30 p.m. habían sido anteriormente las 7:30 p.m., la hora exacta en que las voces se manifestaban. Las voces comenzaron a tiempo, fue Bacci quien intentó contactarlas demasiado temprano.

Más tarde, cuando otros se unieron a su laboratorio buscando ganancias financieras, se acusó a Bacci de fraude diciendo que manipulaba su radio. Sin embargo, en los últimos años Bacci no pudo recibir las extrañas voces, aunque lo intentó al máximo. Todo esto sugiere que sus experimentos anteriores pudieron haber sido legítimos. (Si hubiese existido fraude desde el principio, las voces hubiesen continuado). No se sabe por qué cesaron las voces, pero se puede presumir que el motivo pudo estar relacionado con los intentos de reproducirlas por vías fraudulentas.

TRANSCOMUNICACIÓN INSTRUMENTAL: LO QUE INDICA LA EVIDENCIA

La transcomunicación con audio y vídeo depende de instrumentos electrónicos para establecer contactos con lo que pudiera ser la conciencia viva de personas fallecidas. La dependencia en instrumentos electrónicos deja la autenticidad del contacto abierta a la duda, tanto como cuando se depende de un médium. Los instrumentos electrónicos están expuestos a la manipulación deliberada y, por tanto, al fraude.

Sin embargo, en los casos que aquí se mencionan se ha tomado mucho cuidado en excluir la posibilidad de fraude. Ingenieros han examinado los instrumentos y los investigadores han repetido los experimentos en presencia de testigos. Algunos investigadores, como Hans Otto König, eran ingenieros electrónicos y otros, como Anabela Cardoso, que era una diplomática portuguesa de experiencia, tenían una reputación que proteger y tuvieron mucho cuidado al verificar que los fenómenos eran auténticos.

El impresionante número de casos de comunicación a través de medios electrónicos que se ha presentado en este capítulo ofrece la base para una valoración inicial. Podemos decir que la evidencia recogida en formas creíbles de FVE ofrece motivos justificados para asumir que la conciencia de una persona fallecida se puede contactar y entablar comunicación con ella a través de instrumentos electrónicos. Al parecer, la conciencia puede existir en un estado donde origina señales que aparatos electrónicos pueden convertir en sonidos e imágenes.

5

Recuerdos de vidas pasadas

La evidencia que presentaremos en los capítulos siguientes sugiere que es posible comunicarse con la conciencia humana, incluso cuando el cuerpo con que esa conciencia ha estado asociada ya no está vivo. Aquí vamos a ver evidencia adicional que apoya esa hipótesis y que se suministra a través del análisis de regresión. Muchas personas han dicho que tienen la impresión de haber vivido vidas pasadas, pero gracias al análisis de la regresión ahora hay una vía más sistemática y menos anecdótica de recopilar y evaluar las evidencias.

En psicoterapia, "regresión" significa un retroceso en la mente de la persona más allá de los límites de su vida actual. Normalmente es necesario llevar al paciente a un estado alterado de conciencia. Para ello se podría o no necesitar la hipnosis. A veces son suficientes los ejercicios de respiración, movimientos rápidos del ojo y una buena sugestión. Cuando el paciente alcanza el estado adecuado de conciencia, el terapista lo incita a que vaya de los recuerdos de la vida presente a los que parecen ser de vidas pasadas.

Llevar al paciente a los primeros años de su infancia e, incluso, al momento de su nacimiento es en ocasiones un problema para los terapeutas. Sus pacientes reviven experiencias tales que, si se detienen en los comienzos de su infancia, exhiben los reflejos musculares involuntarios típicos de los recién nacidos.

Es posible ir más atrás, a los recuerdos del embarazo en el útero. Algunos terapeutas afirman que pueden llevar a sus pacientes aún más lejos. Tras un intervalo de aparente oscuridad e inmovilidad, aparece una cadena de experiencias extrañas, recuerdos que parecen ser de otros lugares y otras épocas. Los pacientes no sólo las relatan como si las hubiesen leído en un libro o visto en una película, sino que reviven esas experiencias. Se convierten en la persona que está experimentando ese momento, incluso en el tono de la voz y el idioma que hablan, un lenguaje que tal vez no conocen en su vida presente.

La regresión en estados alterados de conciencia a veces se interpreta como evidencia de que hemos tenido vidas previas. Haber vivido antes y volver a vivir después de la vida actual es una creencia milenaria. Evidencias obtenidas en antiguos sepelios muestran que nuestros antepasados enterraban a sus muertos con mucho cuidado y les colocaban todas las herramientas y otros útiles esenciales en la próxima vida. Hace más de 4 500 años, los reyes de Mesopotamia eran enterrados con instrumentos musicales, muebles e incluso instrumentos para juegos de azar. Tal era la creencia en la vida futura que soldados y sirvientes eran a veces sacrificados en ceremonias y sus cuerpos colocados en la cámara mortuoria para que pudieran continuar sirviendo a sus amos en la próxima vida.

En el subcontinente indio la creencia en un sistema de creación y emanación aún se practica por millones de personas. Para los hindúes, la muerte no es el fin de la existencia sino parte de un ciclo repetitivo. Cuando el ciclo llega al final, el alma inmortal o cuerpo subyacente del individuo renace en un nuevo cuerpo físico que puede o no ser humano. El ciclo de nacimiento y renacimiento se conoce como samsara y contrasta con las religiones abrahámicas (judaísmo, cristianismo, islam), donde no se reconoce el regreso al plano terrenal para vivir una nueva vida.

Los psicólogos occidentales también se habían interesado en este fenómeno. Sigmund Freud indicó que los miedos irracionales y fobias pudieran estar basados en experiencias olvidadas o canalizadas en vidas pasadas. A través de la hipnosis, Freud pudo llevar a sus pacientes al origen de esos miedos y fobias, lo que les permitía liberarse de ellos. Para el discípulo de Freud, Carl Gustav Jung, todo esto era una prueba de la existencia de un subconsciente colectivo en el cual cada individuo puede tener acceso a los recuerdos de una conciencia más amplia que contiene todas las experiencias de la humanidad. Pero para las corrientes establecidas en las sociedades occidentales, la manifestación de vidas pasadas durante regresiones hipnóticas era una forma de histeria o de enfermedad mental.

El psiquiatra sueco John Björkhem aplicó un enfoque mucho más abierto. Durante su larga carrera, Björkhem llevó a cabo más de 600 regresiones, en muchas de las cuales los sujetos hablaban idiomas que en condiciones normales les eran desconocidos. Una mujer llamada "Mirabella" escribió en 28 idiomas y dialectos diferentes durante su estado de trance hipnótico.[1]

EJEMPLOS DE RECUERDOS DE VIDAS PASADAS

Entre 1892 y 1910, el investigador francés Albert de Rochas usó el hipnotismo de regresión en un grupo de individuos. Entre ellos estaba su cocinera Josephine. Josephine resultó ser particularmente receptiva a la hipnosis. En un estado de trance dijo ser un hombre que se llamaba Jean Claude Bourdon, un soldado del Séptimo Regimiento de Artillería del Ejército francés radicado en Besançon. Josephine dijo que Bourdon había nacido en Champvent.

En otra regresión Josephine dijo que recordaba haber sido una mujer llamada Philomène Charpigny, que pensaba casarse con un hombre de nombre Carteron. En su libro de 1911, Les vies successives (Las vidas sucesivas), De Rochas describe cómo examinó con éxito los detalles de ambas regresiones y descubrió que ambos individuos habían existido y habían vivido los sucesos descritos por Josephine.[2]

El caso más prolífico de vidas pasadas descrito por De Rochas fue el de la esposa de un soldado que él sólo identificó como "Madame J". A lo largo de una serie de regresiones, la mujer describió 10 encarnaciones previas. En la primera había muerto a la edad de ocho meses y le fue imposible identificar quién era. Con la segunda aportó más información. En esa vida fue una niña llamada Irisee, que vivía en Imondo, un pequeño poblado cerca de Trieste, en Italia. Dijo que recogía flores para los sacerdotes y después les ofrecía incienso a los dioses.

Otros dos casos de De Rochas merecen mención. El primero estaba relacionado con un guerrero germano de 32 años y jefe de una tribu nombrado Carlomee, que fue capturado por Atila en la batalla de Châlons-sur-Marne en 451 d.C. "Madame J" describió cómo a Carlomee le quemaron los ojos. El segundo caso fue el de un soldado francés llamado Michel Berry que nació en 1493. Tuvo una serie de enlaces amorosos antes de morir en la Batalla de Marignano, en 1515, como resultado de una herida de lanza. Lo curioso de esta vida pasada es que Michel dijo que había tenido una premonición que le decía que iba a morir de esa manera.

El caso más debatido de De Rochas ha sido el de Marie Mayo, de 18 años de edad. En un estado de trance, "Madame J" retrocedió a cuando era una joven de 18 años que vivía en Beirut. Escribió su nombre en árabe, pero después cambió y se convirtió en Lina, la hija de un pescador de Britania. A los 20 años de edad, Lina se casó con otro pescador llamado Yvon y unos años más tarde tuvo a su primer y único hijo. Desgraciadamente, el niño murió a la edad de dos años. Más tarde ella contó como su esposo se ahogó en el mar y, desesperada, ella se lanzó de un acantilado al mar. De Rochas describió como Marie se alteró mucho en ese momento y cayó con convulsiones.[3]

A mediados del siglo XX un caso notorio sobre recuerdos de vidas pasadas convirtió el tema en una tendencia de moda. En 1956, el libro *The Search for Bridey Murphy* (La búsqueda de Bridey Murphy) se convirtió en un best seller, primero en Estados Unidos y después a nivel mundial. Morey Bernstein, un hombre de negocios de Pueblo, en Colorado, describió cómo había descubierto que tenía una habilidad natural para el hipnotismo y decidió aplicar su recién manifiesta destreza con "Virginia Tighe", la esposa de 29 años de un colega. En su estado hipnótico Virginia comenzó a hablar con un marcado acento irlandés. Cuando Bernstein le preguntó quién era ella le respondió que era una joven irlandesa llamada Bridget (Bridey) Murphy. Bridey dijo que era la hija de Duncan y Kathleen Murphy, unos protestantes que vivían en Meadows, Cork. Bridey agregó que había nacido en 1798. A lo largo de seis sesiones que fueron grabadas, Bridey aportó una cantidad considerable de pruebas sobre su vida en la Irlanda de principios del siglo XIX. En 1818 se casó con un católico, Brian McCarthy. Bridey dio muchos detalles, incluyendo la iglesia que frecuentaba y las tiendas donde compraba la comida y ropas. Contó cómo viajó con Brian a Belfast, donde Brian se hizo abogado y además enseñó en Queen´s University. Bridey murió en 1864 tras sufrir una caída. En su estado hipnótico, Virginia Tighe, hablando como Bridey, relató cómo vio su propio funeral y la lápida mortuoria.[4]

El *Chicago Daily News* envió posteriormente un reportero a Belfast para comprobar la información que dio Bridey. Se supo que dos de las tiendas de víveres mencionadas por Bridey existían en el momento de su muerte. Durante una de las sesiones, Bridey describió una moneda de dos peniques que se usaba en aquella época. Eso también fue confirmado por el reportero. Más evidencias afloraron para apoyar los recuerdos de Bridey, tales como la ubicación de Meadows, en las afueras de Cork. Durante las regresiones no existía ninguna información sobre el lugar. Sin embargo, los investigadores hallaron un mapa de 1801 del área de Cork que mostraba un amplio pastizal al oeste de la ciudad llamado "Mardike Meadows". En una de las sesiones Bridey dijo que Meadows estaba escasamente poblada y que no tenía vecinos cercanos, lo que quedó confirmado con el mapa de 1801.

Tal fue el interés en el caso, que Tighe adoptó el nombre de Ruth Simmons para proteger su identidad, pero los periodistas se las arreglaron para encontrarla. Sin embargo, un periódico rival, el

Chicago American, descubrió que Virginia tenía una tía irlandesa, Marie Burns, aunque en el libro aseguraba que no tenía nexos con Irlanda. Se dijo que Marie le había contado a su joven sobrina muchas historias sobre Irlanda. Aún más sospechoso resultó el hecho de que durante su infancia Virginia había vivido frente a una irlandesa llamada Bridey Corkell, cuyo nombre de soltera había sido Murphy.

Pero las cosas no estaban tan claras como las presentaba el artículo. Más tarde una investigación del *Denver Post* mostró que Marie Burns no había nacido en Irlanda, sino en Nueva York, y que ella y Virginia no se habían visto hasta que Virginia ("Bridey") cumplió los 18 años.[5]

En 1965, Bernstein publicó una nueva edición de *La búsqueda de Bridey Murphy* donde refutó a sus críticos. En este libro Bernstein citó a William J. Barker, un periodista que pasó muchas semanas en Irlanda comparando cada declaración de Bridey con documentos de la época. Barker escribió: "Bridey estuvo completamente acertada en al menos dos docenas de hechos que 'Ruth' (Virginia Tighe, alias Bridey) no pudo haber conocido en ese país, incluso si deliberadamente se hubiese propuesto estudiar secretos de Irlanda".[6]

Un investigador que continuó estudiando los recuerdos de vidas pasadas fue el psicoterapeuta angloamericano Dr. Roger Woolger. En 1989, Woolger publicó un influyente libro, *Other Lives, Other Selves* (Otras vidas, otras identidades), donde presentó su modelo sobre recuerdos de vidas pasadas en un formato terapéutico.[7] Woolger creía que los traumas y problemas psicológicos de la vida actual pudieran tener sus raíces en vidas pasadas y no en la presente. Al principio Woolger había adoptado el enfoque estándar de Jung hasta que ocurrió algo que sacudió sus creencias. Entre sus clientes estaba una mujer que sufría de estrés post-traumático tras un gran accidente automovilístico. Como parte de su estrategia terapéutica, Woolger usó la hipnoterapia. Siguiendo el procedimiento estándar retrocedió a la mujer al momento del accidente y ella revivió detalladamente los sucesos que ocasionaron el acontecimiento. Había, sin embargo, un nuevo elemento que sólo emergió durante la regresión. Woolger indicó,

> No sólo volvió a experimentar el accidente y liberó gran parte del trauma que llevaba con ella, sino que comenzó a contar la experiencia de cómo se vio a sí misma desde arriba mientras los socorristas sacaban su cuerpo de entre los restos del vehículo. Vio entonces cómo se llevaban su cuerpo al hospital y cómo la sometían a una cirugía. Después sintió que estaba flotando hacia un reino en las alturas donde se encontró con seres de luz que reconoció como familiares que ya habían fallecido y que le dijeron que su trabajo en la tierra no había terminado y que tenía que regresar. Recordó el dolor que sintió cuando regresó de nuevo a su cuerpo. Antes de la regresión no "recordaba" nada de eso.[8]

Esa fue una ECM clásica, que ocurrió en un estado regresivo de conciencia inducido por hipnosis. Woolger estaba fascinado con lo sucedido y usó el análisis de regresión consigo mismo. Por años lo habían acosado imágenes de torturas y asesinatos. Asoció eso con el miedo al fuego que había sentido toda su vida. Entonces descubrió que había sido un soldado mercenario durante las Cruzadas contra los cátaros en la Francia del siglo XIII.

La mayoría de las sesiones de Woolger evocaban memorias de vidas pasadas que no podían identificarse con las de personas específicas vivas entonces. Las vidas que Woolger obtuvo fueron frecuentemente las de, según sus palabras, "hombres de tribus africanas, cazadores nómadas, esclavos sin nombres, comerciantes del Medio Oriente, campesinos medievales anónimos... vidas que terminaron en edades tempranas por hambrunas, plagas o enfermedades". También evocó innumerables vidas de jóvenes que murieron en el campo de batalla.[9]

RECUERDOS DE VIDAS PASADAS: LO QUE NOS DICE LA EVIDENCIA

¿Los recuerdos que emergen en estados alterados de conciencia aportan evidencias de que ese individuo ha vivido una vida anterior? Esa es una pregunta difícil de responder. ¿Por qué sólo algunas personas tienen recuerdos de vidas anteriores y otras no? Si todos, o al menos la mayoría de la gente, tuvieron vidas pasadas se pudiera decir que muchos de ellos deberían recordar algo. Pero sólo un pequeño segmento de la población tiene tales "recuerdos". ¿Será que la mayoría de las personas han olvidado sus vidas pasadas, como afirman muchas tradiciones espirituales? ¿O es que las circunstancias bajo las cuales afloran esas memorias son tan específicas que son extremadamente raras? Sabemos que para acceder a esas experiencias extrañas con frecuencia es necesario entrar en un Estado alterado de la conciencia. Para que tales experiencias se puedan relatar, es necesario que hayan sido lo suficientemente vívidas como para ser recordadas al despertar. Y si llegan a ser contadas sin miedo al ridículo, también tienen que ser documentadas y apoyadas con las experiencias de otras personas. Es poco probable que estas condiciones se den con frecuencia. Por consiguiente, a primera vista es posible que todas o la mayoría de las personas hayan tenido vidas pasadas, incluso si sólo unas cuantas pueden —y desean— recordarlas.

No está claro si las personas han tenido otras vidas en el pasado, y si sus recuerdos de esas vidas son auténticos. Aún así, la evidencia es sólida cuando se trata de un punto elemental. Si los recuerdos que emergen en la conciencia de las personas son de sus vidas pasadas o son fragmentos de las vidas de otros, lo cierto es que esos recuerdos no son de la vida presente. Si eso es cierto, entonces la conciencia de una persona que ha vivido anteriormente no desaparece con la muerte, sino que puede ser experimentada de nuevo por alguien que actualmente está vivo. Esta conclusión es válida sin importar si la persona cuyas memorias se están recordando es la misma persona que las está rememorando.

6

Reencarnación

Como ya hemos visto, existen evidencias de que al menos algunas personas, posiblemente todas, ya han existido en otros cuerpos y otras vidas. Cuando los "recuerdos" anómalos se presentan como memorias personales, los que los experimentan tienden a creer que provienen de sus vidas anteriores. Sin embargo, los recuerdos que aparecen conscientemente no parecen provenir de vidas pasadas. En su lugar, parece más bien ser "experiencias de la reencarnación", algo que también ha estado muy difundido. Las experiencias relacionadas con la reencarnación no están limitadas al aspecto geográfico o cultural. Ocurren en todos los rincones del planeta y en todas las culturas.

Por supuesto que la reencarnación va más allá de los recuerdos. Para que la reencarnación realmente ocurra la conciencia de la personalidad externa tiene que haber entrado en el cuerpo del sujeto que experimenta el proceso. En la literatura esotérica eso es conocido como la transmigración del espíritu o el alma. Se dice que ocurre en el útero de la madre, tal vez incluso durante la concepción o inmediatamente después de ésta, cuando comienzan los primeros latidos en el corazón del embrión.

El espíritu o alma de un individuo no necesariamente emigra a otro individuo. Las enseñanzas budistas, por ejemplo, nos dicen que el alma o espíritu no siempre reencarna en un plano terrenal y en una forma humana. Pudiera simplemente no reencarnar y evolucionar a un plano espiritual de donde tal vez no regresa, o regresa para cumplir una tarea que debió terminar en la encarnación anterior

Pero lo que nos interesa aquí es la posibilidad de que la reencarnación realmente pueda ocurrir. ¿Pudiera la conciencia que perteneció a una persona viva reaparecer en la de otra? En su libro *The Power Within* (El poder interior), el psiquiatra británico Alexander Cannon escribió que la evidencia en ese sentido tiene demasiado peso como para ser descartada:

> Durante años, la teoría de la reencarnación fue una pesadilla para mí e hice todo lo que pude para refutarla, incluso discutí con mis sujetos de estudio que caían en trance hasta el punto de decirles que hablaban tonterías. Pero con el paso de los años, cada persona, una tras otra, me contaba la misma historia, a pesar de las diferentes y variadas creencias. A estas alturas se han investigado más de mil casos y tengo que admitir que la reencarnación existe.[1]

VARIACIONES Y VARIABLES EN LAS EXPERIENCIAS DE REENCARNACIÓN

Hay marcadas diferencias en la frecuencia y la calidad en las experiencias relacionadas con la reencarnación. Las creencias parecen ser un factor de peso. Donde se acepta la reencarnación como una realidad, las experiencias de ese tipo ocurren con mayor frecuencia.

Otro elemento es la edad de la persona que experimenta la reencarnación. En esos casos están la mayoría de los niños entre dos y seis años. Después de los ocho años tales experiencias comienzan a debilitarse y, con algunas excepciones, desaparecen completamente en la adolescencia.

La forma en que la persona reencarnada ha muerto es otra variable. Al parecer, aquellos que han sufrido una muerte violenta reencarnan con más frecuencia que los que han muerto de forma natural.

Las experiencias relacionadas con la reencarnación tienden a ser claras y precisas en los niños, mientras que en los adultos son mayormente imprecisas y se muestran como vagas premoniciones o impresiones. La más difundida entre ellas es el *déjà vu,* es decir, sentir que un lugar o un suceso que se ve por primera vez es algo que ya se ha conocido antes. La sensación de *déjà connu* —encontrarse con una persona por primera vez y tener la sensación de haberla conocido antes— también ocurre, pero con menos frecuencia.

La veracidad sobre lugares, personas, y sucesos de las experiencias de reencarnación ha sido puesta a prueba con relatos de testigos presenciales y documentos. Incluso detalles insignificantes a veces se corresponden con hechos reales personas y lugares.

Las experiencias vívidas de reencarnación están acompañadas por los correspondientes patrones de comportamiento. El proceder de la personalidad que reencarna se manifiesta aunque la persona fuese de una generación y un sexo diferentes. Un niño pudiera manifestar los valores y el comportamiento de una persona mayor del sexo opuesto.

Los estudios precursores sobre experiencias recientes de reencarnación los realizó Ian Stevenson, un psiquiatra canadiense-americano que trabajó en la Escuela de Medicina de la Universidad de Virginia. Por más de cuatro décadas, Stevenson investigó las experiencias de reencarnación de miles de niños, tanto de sociedades orientales como occidentales. Se ha comprobado que algunas de las experiencias relatadas por los niños son las de personas que vivieron anteriormente y cuyas muertes coinciden con lo que los chicos contaron. A veces el niño tenía una marca de nacimiento que se asociaba con la muerte de la persona con quien se identificaba, tal como una hendidura o una decoloración en la parte del cuerpo donde entró la bala mortal, o una deformidad en una mano o el pie que había perdido el difunto.

En un ensayo innovador publicado en 1958, "The Evidence for Survival from Claimed Memories of Former Incarnations" ("La evidencia sobre recuerdos de antiguas encarnaciones"), Stevenson analizó las experiencias de reencarnación de niños y relató siete de los casos.[2] Esos casos resultaron ser verídicos y los incidentes que contaban los niños fueron en muchas ocasiones publicados en desconocidos diarios locales. El estudio de Stevenson lo leyó Eileen Garrett, la médium a quien ya conocimos en los casos de mensajes enviados a través de un médium. Garrett se enteró de casos similares en la India e invitó a Stevenson a que fuera a ese país a realizar estudios. Stevenson descubrió sólidas evidencias sobre la reencarnación en la India, Sri Lanka, Ceylán y el Líbano. En 1966 publicó su trascendental trabajo *Twenty Cases Suggestive of Reincarnation*. (Veinte casos que apuntan a la reencarnación).[3] Más tarde encontró casos adicionales en Turquía, Tailandia, Birmania, Nigeria y Alaska, sobre los que publicó artículos en cuatro volúmenes entre los años 1975 y 1983.

EJEMPLOS SOBRE EXPERIENCIAS DE REENCARNACIÓN

El caso de Ma Tin Aung Myo

Stevenson reportó un caso relacionado con la niña birmana Ma Tin Aung Myo, quien aseguraba ser la reencarnación de un soldado japonés de la Segunda Guerra Mundial.[4] El caso abarca inmensas diferencias culturales entre la persona que describe las experiencias y el individuo que las origina.

En 1942, Birmania se encontraba bajo la ocupación japonesa. Los aliados bombardeaban regularmente las vías de avituallamiento de Japón, particularmente las líneas de ferrocarril. La aldea de Na-Thul no fue una excepción al estar cerca de la importante estación del ferrocarril de Puang. Los constantes ataques dificultaban mucho la vida de la población, que hacía todo lo posible por sobrevivir. Y para sobrevivir había que llevarse bien con los invasores japoneses. Para Daw Aye Tin (quien más tarde fue la madre de Ma Tin Aung Myo) fue conversar sobre los méritos de los platos birmanos y japoneses con el gordito cocinero militar japonés que con frecuencia andaba sin camisa por el pueblo.

La guerra terminó y la vida regresó a una aparente normalidad. A principios de 1953 Daw descubrió que estaba embarazada con su cuarto hijo. El embarazo fue normal, con la rara excepción de un sueño recurrente en el cual el cocinero japonés, con el que hacía mucho tiempo no tenía contacto, la seguía a todas partes y anunciaba que venía a quedarse con la familia. El 26 de diciembre de 1953 Daw dio a luz a una niña y la llamó Ma Tin Aung Myo. La bebé nació en perfectas condiciones, con una pequeña excepción: una marca de nacimiento del tamaño de un pulgar en la zona de la ingle.

En la medida en que la niña iba creciendo se notaba su gran temor por los aviones. Cada vez que uno de ellos sobrevolaba la zona se ponía muy inquieta y lloraba. Su padre, U Aye Maung, estaba intrigado porque la guerra había terminado hacía muchos años y los aviones ahora eran sólo medios de transporte y no armas de guerra. Por eso resultaba extraño que Ma sintiera miedo de que un avión pudiera dispararle. La niña se volvió cada vez más taciturna y decía que quería "ir a casa". Más tarde "casa" fue algo más específico: quería regresar a Japón. Cuando se le preguntó el motivo dijo que recordaba haber sido un soldado japonés radicado en Na-Thul. Sabía que había muerto por disparos de una ametralladora provenientes de un avión y por eso temía tanto a los aviones.

Mientras más crecía Ma Tin Aung Myo, más cosas recordaba de la vida de su personalidad anterior. Más tarde le contó a Ian Stevenson que recordaba que su personalidad anterior provenía del norte de Japón, que él había tenido cinco hijos y que el mayor había sido un varón que sirvió como cocinero en el ejército. A partir de ese momento los recuerdos se hicieron más precisos. Recordó que ella (como soldado japonés) estaba cerca de un montón de leña junto a un árbol de acacia. Dijo que tenía puestos pantalones cortos y que no llevaba camisa. Un avión de los aliados lo divisó y ametralló el área a su alrededor. Corrió buscando protección, pero en ese momento lo alcanzó una bala en la ingle que lo mató al momento. Dijo que el avión tenía dos colas, algo que más tarde se identificó como un Lockheed P-38 Lightning, una nave usada por los aliados en su campaña militar en Birmania.

Durante su juventud Ma Tin Aung Myo mostró rasgos marcadamente masculinos. Llevaba el cabello bien corto y se negaba a usar ropas femeninas. Todo esto la llevó a dejar la escuela.

Entre 1972 y 1975, Ma Tin Aung Myo fue entrevistada tres veces por Ian Stevenson. Dijo que quería casarse con una mujer y que tenía una novia fija. También dijo que no le gustaba el caluroso clima de Birmania ni su comida picante. Prefería mejor los platos muy dulces con curry. Cuando era más joven le encantaba comer pescado semicrudo, un hábito que sólo dejó cuando se le clavó una espina en la garganta.

Las imágenes reales del soldado japonés no estaban completas en la mente de Ma. Por ejemplo, conocía muy bien las circunstancias de su muerte, pero no recordaba el nombre del soldado, los nombres de sus hijos o esposa o el lugar de donde provenía en el norte de Japón. Stevenson no pudo averiguar la veracidad de esos recuerdos de Japón.[5]

Otros casos en el subcontinente indio

Stevenson relató cómo una niña de Sri Lanka rememoró una vida en la que se había ahogado en un arrozal inundado. Dijo que un autobús había pasado cerca y la había salpicado con el agua justamente antes de morir. Investigaciones posteriores hallaron que una niña de un poblado cercano se había ahogado cuando trataba de eludir un autobús mientras iba a su casa por un estrecho camino sobre unos arrozales inundados. Cayó de espaldas en las profundas aguas y murió. La niña que contó tal experiencia mostraba, para su temprana edad, un miedo irracional a los autobuses y también se ponía histérica si estaba cerca de aguas profundas. Tenía debilidad por el pan y los dulces algo inusual porque en su familia eso no gustaba. Sin embargo, la personalidad anterior tenía esas dos preferencias.[6]

Otro caso típico de Stevenson fue el de Swarnlata Mishra, nacida en una pequeña aldea en Madhya Pradesh en 1948. Cuando tenía tres años comenzó a tener recuerdos espontáneos de una vida pasada en la cual se llamaba Biya Pathak, que vivió en un pueblo a más de 160 kilómetros de distancia. Describió la casa de

Biya con cuatro habitaciones y dijo que estaba pintada de blanco.

Comenzó a cantar canciones que dijo conocer y ejecutó complejas danzas desconocidas para su familia y amigos actuales. Seis años más tarde reconoció a algunas personas que habían sido sus amigos en esa vida pasada. Todo esto hizo que su padre comenzara a escribir lo que ella relataba.

Su caso despertó el interés fuera de su pueblo. Un investigador que visitó la ciudad descubrió que una mujer, cuya descripción coincidía con la que aportó Swarnlata, había muerto hacía nueve años. Investigaciones posteriores confirmaron que una niña llamada Biya había vivido en esa misma casa del pueblo.

El padre de Swarnlata decidió llevarla a ese pueblo y presentarla a la familia de Biya. A modo de prueba, la familia también presentó a personas que no estaban relacionadas con la niña. Swarnlata identificó inmediatamente a los impostores. Algunos detalles de su vida pasada eran tan precisos que todos quedaron estupefactos. Por ejemplo, Swarnlata describió una boda en particular a la que asistió su personalidad anterior y donde tuvo problemas para hallar la letrina, lo que confirmaron familiares que fueron a esa misma boda.

En total, Ian Stevenson registró 49 elementos separados relacionados con la vida de Biya, tal como los describió Swarnlata, y que después fueron confirmados por uno o más testigos independientes. Stevenson consideraba que este era uno de sus casos más convincentes descritos en *Veinte casos que apuntan a la reencarnación*.[7]

Algunos casos en Occidente

Entre los estudios de Stevenson en Occidente hay uno que involucra a cuatro niños de la misma familia. El 5 de mayo de 1957, un automóvil mató a las hermanas Joanna y Jacqueline Pollock cuando iban a la escuela en Hexham, en el noreste de Inglaterra. Joanna tenía 11 años y Jacqueline, seis. Eran unas hermanas muy unidas y la familia quedó devastada con sus muertes. Un año después, Florence Pollock descubrió que estaba embarazada. John insistía en que su esposa tenía mellizos, pero los médicos aseguraron que era un embarazo regular. John tenía razón. El 4 de octubre de 1958, Florence dio a luz a las mellizas Gillian y Jennifer.

Aunque las niñas eran idénticas, tenían diferentes marcas de nacimiento (los gemelos idénticos usualmente tienen marcas de nacimiento idénticas). Jennifer tenía dos marcas de nacimiento, una en la frente y otra en la cintura, que no eran iguales a las de su hermana gemela, pero que sí eran idénticas a las que tenía su difunta hermana Jacqueline. Jacqueline tenía una marca de nacimiento exactamente en el mismo lugar que una de ellas, así como una cicatriz en el lugar donde Jennifer tenía la segunda marca.[8]

Cuando las mellizas tenían cuatro meses de nacidas, la familia se mudó de Hexhan a Whitley Bay. A los dos años y medio regresaron de visita. Para gran sorpresa de los padres, las pequeñas conocían muy bien el lugar. Una de ellas dijo: "La escuela está al doblar de la esquina". La otra apuntó con el dedo a un promontorio y dijo: "Nuestro parque está allá detrás. Tiene un tobogán y un columpio".

John creía que sus dos hijas fallecidas habían regresado. Florence, una católica practicante, tenía grandes reservas porque el concepto de la reencarnación no coincidía con sus creencias. Sin embargo, cuando las mellizas tenían cuatro años ocurrió algo que hizo que Florence aceptara la posibilidad de un doble renacimiento. Tras las muertes de Jacqueline y Joanna, John había puesto sus juguetes en una caja con llave. Desde entonces la caja no se había abierto y las mellizas no conocían el contenido. John colocó un grupo de juguetes fuera de la habitación de las niñas y, mientras su esposa observaba, las llamó. Las pequeñas identificaron los juguetes que les pertenecieron en lo que aparentemente fueron sus vidas pasadas. Jennifer tomó una muñeca y dijo "Oh, esa es mi Mary" e identificó a otra de las muñecas como "Suzanne". Después se dirigió a Gillian y le dijo "y esa es tu lavadora". A partir de ese momento Florence reconsideró su opinión sobre la reencarnación.

Stevenson consideraba que las marcas de nacimiento son una

de las pruebas más sólidas sobre la reencarnación. Su interés en las marcas de nacimiento lo continuó el Dr. Jim Tucker, quien aseguró que un tercio de todos los casos de marcas de nacimiento en la India reflejaban heridas que tenían las personas de la vida anterior y que el 18 por ciento de ellos contaban con reportes médicos que lo confirmaban.[9]

Tucker, que reemplazó a Stevenson en la Escuela de Medicina de la Universidad de Virginia, enfocó sus investigaciones en las evidencias de reencarnación en los niños estadounidenses. Entre ellos estaba Patrick Christenson, que nació por cesárea en Michigan en marzo de 1991. Su hermano mayor, Kevin, habían muerto de cáncer hacía 12 años cuando tenía dos años de edad. Los primeros síntomas del cáncer de Kevin se manifestaron seis meses antes de su muerte cuando comenzó a cojear notablemente. Un día se cayó y se partió una pierna. Se le hicieron exámenes y, después de una biopsia que se le hizo en un pequeño nódulo en el cuero cabelludo encima de la oreja, se descubrió que el pequeño Kevin tenía cáncer con metástasis. Muy pronto aparecieron tumores en otras partes de su cuerpo. Uno de ellos le causó una protuberancia tal en un ojo que lo dejó ciego de ese lado. A Kevin se le administró quimioterapia, que le causó cicatrices en el lado derecho del cuello. Finalmente Kevin falleció, tres semanas después de cumplir los dos años.

Cuando Patrick nació tenía una marca de nacimiento oblicua que parecía un pequeño corte en el lado derecho del cuello, exactamente en el mismo lugar que Kevin tenía la cicatriz de la quimioterapia. También tenía un nódulo en el cuero cabelludo justamente encima de la oreja derecha y una sombra en el ojo izquierdo, que se le diagnosticó como un leucoma de la córnea. Cuando comenzó a caminar lo hizo con una marcada cojera.

Cuando tenía casi cuatro años y medio le dijo a su madre que quería regresar a su vieja casa de colores naranja y marrón. Esos eran exactamente los colores de la casa en que la familia había vivido en 1979 cuando Kevin estaba vivo. Entonces le preguntó si ella recordaba su cirugía. La madre respondió que no, porque a él nunca la había pasado eso. Patrick se tocó entonces un lugar encima de la oreja derecha y dijo que no recordaba la operación porque estaba dormido.

En 2005, Tucker publicó un libro titulado *Life Before Life: A Scientific Investigation of Children's Memories of Previous Lives* (Vida antes de la vida: los niños que recuerdan vidas anteriores). Uno de los casos que menciona es el de Kendra Carter, de Florida. La niña de cuatro años había comenzado a tomar clases de natación en la piscina de la localidad y desarrolló una conexión instantánea con su entrenadora Ginger. Cuando estaba con Ginger, Kendra estaba feliz, pero en los días en que no la veía estaba silenciosa e introvertida. Tal comportamiento preocupaba a sus padres. Una noche ella le explicó a su madre que Ginger tuvo un bebé y que la entrenadora estuvo enferma y se sacó el bebé. Eso dejó intrigada a la madre de Kendra. Ella había estado todo el tiempo con Kendra durante las clases de natación. Era imposible que Ginger le hubiese contado a Kendra algo sobre su pasado y, además, ese era un tema que ninguna mujer le iba a contar a una niña de cuatro años. Pero las cosas no sólo se tornaron extrañas sino también preocupantes para la madre de Kendra, una cristiana conservadora. Cuando le preguntó a Kendra cómo era que sabía sobre el bebé de Ginger, ella le respondió: "Yo soy el bebé que estaba en su barriga".[10] Fue entonces que comenzó a describir cómo fue que la sacaron de la barriga de Ginger. Más tarde se supo que Ginger había tenido un aborto hacía nueve años, algo que desconocía la madre de Kendra o las personas en su entorno.

Otro caso tuvo que ver con un niño de 18 meses llamado Sam Taylor. Un día, cuando su padre le estaba cambiando el pañal, lo miró y le dijo: "Cuando yo tenía tu edad yo te cambiaba los pañales". Sam reveló detalles de la vida de su abuelo que eran totalmente exactos. Dijo que la hermana de su abuelo había sido asesinada y que su abuela hacía batidos de leche para su abuelo usando un procesador de alimentos. Los padres de Sam insistían en que nunca habían conversado sobre estos temas en presencia del niño. Cuando tenía cuatro años, le enseñaron a Sam un grupo de viejas fotos de la familia que pusieron sobre una mesa. Muy alegre, Sam identificaba a su abuelo con la frase "¡Ese soy yo!" Para ponerlo a prueba, su madre buscó una foto antigua de cuando el abuelo iba a la escuela. En la foto estaban otros 16 niños. Inmediatamente Sam apuntó a uno de ellos y nuevamente dijo que ése era él. Era cierto.[11]

REENCARNACIÓN: LO QUE NOS DICE LA EVIDENCIA

Las experiencias de reencarnación pueden ser vívidas y convincentes hasta el punto de que parecen atestiguar que una persona que estuvo viva ha encarnado en el sujeto. Esta creencia se refuerza con la observación de que las marcas de nacimiento en el cuerpo del sujeto coinciden con características corporales de la persona que encarna. Eso resulta aún más sorprendente cuando la personalidad foránea ha sufrido una herida corporal. Las correspondientes marcas o deformaciones a veces reaparecen en el sujeto.

Muchos estudiosos de este fenómeno, incluido el propio Stevenson, sostienen que las marcas de nacimiento coordinadas son una prueba significativa de la reencarnación. Sin embargo, que un niño muestre marcas de nacimiento u otros elementos corporales idénticos a los de una persona que existió anteriormente no son necesariamente una prueba de que esa persona ha reencarnado en el niño. Pudiera ser que el cerebro y el cuerpo del niño con tales marcas y características corporales están especialmente adaptados para recordar la experiencia de una persona con marcas de nacimiento y deformidades análogas. (La naturaleza de este recuerdo —desde la profunda dimensión que nosotros llamamos Akasha— se muestra en el capítulo 9).

Esta explicación de "experiencias de reencarnación" se ilustra vívidamente en un caso inusual que reportó Stevenson.[12] Está relacionado con una mujer que ya adentrada en la vida —no durante su infancia— fue de pronto poseída por una conciencia que parecía haber pertenecido a la de una mujer que vivió 150 años atrás.

Uttara Huddar tenía 32 años cuando una personalidad llamada Sharada apareció en su conciencia. Huddar no recordaba haber experimentado otra presencia externa. Era una persona educada con dos títulos de maestría, uno en idioma inglés y otro en administración pública, y daba conferencias en la Universidad de Nagpur, en la ciudad donde había nacido. Sharada, la personalidad externa, no podía hablar los idiomas que Huddar hablaba (Huddar hablaba maratí y un poco de hindi, además del inglés), pero hablaba bengalí, un idioma que Huddar solo hablaba de forma rudimentaria. Es más, el bengalí que Sharada hablaba no era la versión moderna, sino la que se hablaba cerca de los años 1820 y 1830, la época en que parece haber vivido. Pidió comida y otros elementos étnicos específicos de ese período y no reconoció a los amigos o familiares de Huddar.

Huddar tenía fobia a las serpientes. Su madre contaba que durante el embarazo con Huddar varias veces soñó que una serpiente la mordía en la pierna. Sharada, la personalidad externa, recordó que cuando tenía siete meses de embarazo fue mordida por una serpiente cuando recogía flores. Quedó inconsciente, pero no recordaba haber muerto. En ese momento tenía 22 años de edad.

Todo esto indica que Sharada no "encarnó" en Huddar, porque antes de llegar a los 32 años Huddar no sabían nada sobre la existencia de Sharada. Pero la experiencia compartida sobre la mordida de una serpiente pudiera aportar una explicación alternativa. Como mujer joven, tal experiencia pudo haber impulsado a Huddar a "llamar" a la personalidad de Sharada desde un plano que llamaremos la dimensión Akasha.

Una explicación similar se aplica a casos donde amigos o familiares del sujeto y la personalidad externa tienen la misma identidad cultural. El hecho de que Virginia Tighe ("Bridey") tuviese conocidos y familiares irlandeses no es evidencia de que adquirió su sorprendente conocimiento del contexto irlandés por vías normales. Pero sí es un indicio de que, gracias a esas influencias, estaba mejor adaptada para recordar las experiencias de un individuo que vivió en Irlanda.

Independientemente de la interpretación que le adjudicamos a las evidencias, se destaca el hecho de que, ya sea que la personalidad externa ha "reencarnado" en el individuo o si solo se ha "llamado" a la conciencia del fallecido (supuestamente desde un nivel más profundo de la realidad), es indudable que una persona viva puede volver a experimentar y aparentemente reaparecer a un muerto.

LA CONCIENCIA MÁS ALLÁ DEL CEREBRO

Una conclusión inicial a partir de la evidencia

¿Qué conclusión podemos sacar de la evidencia presentada en estos seis capítulos? Nuestras conclusiones se pueden resumir de la siguiente manera: al parecer, en experiencias cercanas a la muerte, cuando se perciben apariciones y visiones, en la comunicación después de la muerte, en la comunicación transmitida instrumentalmente y a través de un médium, en los recuerdos de vidas pasadas, así como en experiencias de reencarnación, se percibe, se contacta y se establece comunicación con "algo" que parece ser una conciencia humana. La evidencia nos dice que este "algo" no es el registro pasivo de las experiencias de una persona fallecida, sino una entidad inteligente y dinámica que se comunica, intercambia información y puede mostrar un deseo de comunicación.

Si esta conclusión es sólida, tenemos buenos motivos para afirmar que la conciencia continúa más allá del cerebro. ¿Cómo es esto posible? La permanencia de la conciencia más allá del cerebro y el cuerpo con el que está asociada es algo que requiere una explicación. En la Parte II sugerimos una explicación que no es ad hoc y esotérica, sino que se basa en conocimientos que ahora emergen de la avanzada ciencia contemporánea y de las investigaciones de la conciencia.

PARTE II

LA CIENCIA

Cosmos y conciencia

7

EL REDESCUBRIMIENTO DE LA DIMENSIÓN PROFUNDA

Nuestras indagaciones en la Parte I nos llevaron a concluir que en ocasiones hay "algo" que podemos percibir, contactar e incluso con el que podemos comunicarnos, y ese "algo" parece ser la conciencia que ya no está asociada con un cuerpo y un cerebro vivos. Nuestra pregunta es: ¿Qué significa esto para nuestra comprensión del mundo y del papel de la mente y la conciencia en ese mundo? ¿En qué tipo de mundo la conciencia puede permanecer más allá de la muerte del cuerpo? Recurrimos a los hallazgos extraordinarios de la ciencia de avanzada en busca de una respuesta creíble a esta milenaria pregunta.

Un mundo en el cual la conciencia puede existir más allá de un cuerpo y un cerebro vivos no es precisamente el mundo que describe la ciencia moderna convencional. El concepto de un mundo en el cual las cosas tienen una ubicación única en el espacio y el tiempo necesita ser reconsiderado, así como el de que la mente y la conciencia son fenómenos producidos por un cerebro material.

El tipo de mundo y el tipo de mente y conciencia que pueden explicar nuestros hallazgos se pueden dilucidar en el contexto de los últimos avances de la ciencia. Nuevos descubrimientos ven la luz, particularmente en la teoría del campo cuántico, cosmología e investigaciones del cerebro. Un nuevo paradigma emerge con las nuevas tecnologías de avanzada, un paradigma donde la información, en vez de la materia, conforma la realidad elemental, y donde el espacio y el tiempo —y las entidades que emergen y evolucionan con ellos— son manifestaciones de una realidad mucho más profunda.

EL PARADIGMA AKASHA

Este paradigma que emerge en la ciencia es una innovación revolucionaria respecto al concepto convencional de un universo donde las entidades materiales ocupan puntos separados y únicos en el espacio y el tiempo, aunque no es algo nuevo en la evolución del pensamiento. Pensadores y científicos de avanzada con frecuencia han mencionado que la identidad del mundo está enraizada en una dimensión oculta o muy profunda. Los *rishis* (o adivinos) de la India consideraron la dimensión profunda como el quinto elemento y el más esencial en el cosmos. Lo llamaron en sánscrito *Akasha*. Adoptamos ese término porque nos puede dar un concepto con fundamento científico de un mundo donde la conciencia es parte de un elemento primordial o, posiblemente, es el elemento primordial.

LA DIMENSIÓN PROFUNDA, AYER Y HOY

La idea de una dimensión profunda ha sido una inspiración perenne: el mundo, tal y como lo vemos, no es la realidad definitiva. Es la manifestación de una realidad que existe más allá del plano que observamos.*

Los filósofos del ala mística de la metafísica griega —los idealistas y la escuela eleática, incluidos pensadores como Pitágoras, Platón, Parménides y Plotino— afirmaban que existía una dimensión profunda. Para Pitágoras esa dimensión era el Kosmos, un todo que

*Ver Ervin Laszlo, *Science and the Akashic Field* (La ciencia y el campo Akásico), Inner Traditions, Rochester, Vt., 2004 and 2007.

trascendía la existencia física, un espacio previo del cual surgen la materia y la mente, y todo lo que existe en el mundo. Para Platón era un reino de Ideas y Formas, y para Plotino era "el Único". Platón dejó bien claro que el mundo que experimentamos con nuestros sentidos es un mundo secundario, un mundo que erróneamente aceptamos como la realidad. En su famoso diálogo *La República,* nos presenta la metáfora que llegó a conocerse como "El mito de la caverna". Platón deja que Sócrates describa un grupo de personas que vivieron encadenadas a las paredes de una caverna. Ven que en el muro se proyectan las sombras que refleja una lumbre que tienen a sus espaldas y llegan a creer que las sombras son el mundo real. Sin embargo, el mundo real existe detrás de ellos, es una dimensión que se les oculta. El mismo concepto básico está presente en las tradiciones orientales. En la filosofía de la India, por ejemplo, el *Lankavatara Sutra* describe la "dimensión causal" del mundo que da origen al fenómeno "bruto" que se presenta a la vista. Los místicos y filósofos tanto del Oriente como de Occidente estaban seguros de que el mundo que vemos es una ilusión, efímero y de corta vida si se tiene en cuenta que hay una dimensión profunda que es real, eterna e invariable.

En los inicios de la era moderna, Giordano Bruno introdujo el concepto de la dimensión profunda en el ámbito de la ciencia contemporánea. El universo infinito, dijo, está lleno de una sustancia invisible llamada *aether* o *spiritus.* Los cuerpos celestiales no son puntos fijos en las esferas de cristal de la cosmología de Aristóteles y Tolomeo, sino que se mueven sin hacer resistencia en esta esfera cósmica invisible bajo su propio impulso.

En el siglo XIX, Jacques Fresnel retomó esa idea y llamó al medio invisible que llena el espacio *éter.* El éter, desde su punto de vista, es una sustancia casi material en la cual el movimiento de los cuerpos celestes produce fricción. Aunque el éter no se puede ver, puede causar un "estela de éter", que produciría un efecto visible.

En los primeros años del siglo XX, los físicos Albert Michelson y Edward Morley pusieron a prueba la hipótesis de Fresnel. Consideraban que, dado que la Tierra se mueve a través del éter, la luz que le llega del Sol tiene que dejar una estela en el éter: en dirección hacia la fuente de luz los rayos deben llegarnos más rápido que en la dirección contraria.

Los experimentos de Michelson-Morley, sin embargo, no pudieron detectar el rastro que pudiera atribuirse a la fricción producida por el movimiento de la Tierra a través del éter. Aunque Michelson indicó que este fracaso no refutaba la existencia del éter sino sólo una teoría mecánica particular de él, por los resultados negativos del experimento los físicos de la época asumieron que el éter no existía. Cuando Einstein publicó su tan especial teoría de la relatividad, el concepto del éter ya estaba descartado. Todo movimiento en el espacio —con más exactitud, en el continuum espacio-tiempo de cuatro dimensiones— se dice que está relacionado con un cuadro referencial dado. No se trata de un movimiento frente a un fondo fijo, como un espacio lleno de éter.

No obstante, en la segunda mitad del siglo XX los físicos revivieron la idea de la existencia de un plano invisible de la realidad más allá de los fenómenos observables. En el Modelo Estándar de la física de partículas elementales, por ejemplo, las entidades básicas del universo no son cosas materiales independientes, a pesar de que están dotadas de masa, sino que son parte de una matriz unificada que cimenta el espacio. Las entidades básicas de la matriz se miden en *cuantos,* elementales o compuestos (cuantos, en latín quanta, son las unidades más pequeñas que se hayan identificado de la materia-energía, llamada de forma convencional "materia"). La matriz en sí misma es más esencial que cualquiera de las partículas que contiene. Esas partículas son puntos cruciales, cristalizaciones o condensaciones en ella. La matriz, conocida indistintamente como *unificada* o el *gran campo unificado* o el *plenum cósmico,* alberga todos los campos y fuerzas, constantes y entidades que aparecen en el espacio-tiempo. No es parte del espacio-tiempo físico. La matriz cósmica va más allá del tiempo y el espacio. En el nuevo paradigma que presentamos aquí, la matriz es la profunda dimensión cósmica: "el Akasha".

EL REDESCUBRIMIENTO DEL AKASHA EN LA CIENCIA CONTEMPORÁNEA

La física contemporánea, especialmente la teoría de la física cuántica y la cosmología basada en la física cuántica, confirma la presencia de un plano fundamental pero intrínsecamente no observable en el mundo. Las teorías más recientes destacan cada vez más facetas de ese plano.

En el otoño de 2012 se descubrió un nuevo estado de la materia conocido como EHCF o Efecto Hall Cuántico Fraccionario (fractional quantum Hall o FQH, en inglés). Ese descubrimiento sugiere que las partículas que componen la "materia" en el espacio-tiempo son alteraciones de una matriz inmaterial subyacente. De acuerdo con el concepto presentado por Ying Ran, Michael Hermele, Patrick Lee y Xioao-Gang Wen, del Instituto Tecnológico de Massachusetts (MIT, por sigla en inglés) el universo entero está compuesto de esas alteraciones en la matriz subyacente. Las alteraciones se presentan como ondas y también como partículas: técnicamente se consideran, según las ecuaciones de Maxwell, como ondas electromagnéticas, y como electrones por las ecuaciones de Dirac.[1]

En la teoría postulada por Xioao-Gang Wen, de MIT, con Michael Levin, de Harvard, los electrones y otras partículas son los extremos de unas cuerdas tejidas como "redes de cuerdas" que se mueven en el medio subyacente "como fideos en una sopa". Los diferentes patrones en su comportamiento representan los electrones y las ondas electromagnéticas, así como los quarks que forman los protones y neutrones y las partículas —los gluones y los bosones W y Z— que integran las fuerzas fundamentales. El movimiento de las redes de cuerdas se corresponde con la "materia" y la "fuerza" en el universo. La matriz en sí misma es un como una red líquida en cuyas partículas hay alteraciones enmarañadas como "remolinos". El espacio vacío corresponde al estado fundamental de ese líquido y las alteraciones por encima de ese estado fundamental constituyen las partículas.

En 2013 un nuevo descubrimiento subrayó la idea de una profunda dimensión akásica en el cosmos. El nuevo descubrimiento —un objeto geométrico llamado *amplituedro*— sugiere que los fenómenos del espacio-tiempo (el mundo que vemos) son consecuencias de relaciones geométricas en una dimensión más profunda del cosmos. Codificadas allí están las características mensurables del universo: la probabilidad de que ocurran las interacciones de las partículas.[2]

El descubrimiento del amplituedro permite simplificar en gran medida los cálculos de las "amplitudes de dispersión" en las interacciones de partículas. Anteriormente, el número y variedad de las partículas resultantes de una colisión de dos o más partículas —la amplitud de dispersión de ese contacto— se calculaban con los llamados diagramas Feynman, que propuso inicialmente Richard Feynman en 1948. Pero se necesitaban tantos diagramas para estos cálculos que ni siquiera se podía calcular completamente una simple interacción. Por ejemplo, para describir la amplitud de dispersión en el choque de dos gluones —que genera cuatro gluones menos potentes— se necesitan 220 diagramas Feynman con miles de términos. Hasta hace unos años era una tarea que se consideraba demasiado compleja, incluso con la ayuda de supercomputadoras.

A mediados de la primera década del siglo XXI surgieron patrones en la interacción de partículas que apuntaban a una estructura geométrica coherente. Esa estructura fue descrita inicialmente con lo que pasó a conocerse como "relaciones de recursión BCFW" (llamadas así por los físicos Ruth Britto, Freddy Cacharo, Bo Feng y Edward Witten). Los diagramas BCFW abandonan variables tales como posición y tiempo y las sustituyen por variables extrañas —llamadas "tuistores"— que están más allá del tiempo y el espacio. Sugieren que en un área sin espacio-tiempo no se sostienen dos principios fundamentales de la física cuántica: la *localidad* y la *unitariedad*. Esto significa que las interacciones de partículas no están limitadas a posiciones locales en el espacio-tiempo y las probabilidades de su derivación son muy bajas. El amplituedro está elaborado usando la geometría de los diagramas de tuistores BCFW. Gracias a esos diagramas los físicos ahora pueden calcular las amplitudes de dispersión en la interacción de partículas en relación con un objeto geométrico que no está en el espacio-tiempo.

Un amplituedro multidimensional en el Akasha permitiría computar la interacción de todos los cuantos y de todos los sistemas constituidos por cuantos a través del espacio-tiempo. La localidad y unitariedad en el espacio-tiempo se manifiestan como *consecuencias* de esas interacciones.

Según Nima Arkani-Hamed, del Institute for Advanced Study (Instituto de Estudios Avanzados) y su ex discípulo Jaroslav Trnka, el descubrimiento del amplituedro sugiere que el espacio-tiempo, si no es absolutamente ilusorio, al menos no es fundamental: es el resultado de relaciones geométricas a un nivel más profundo.[3]

EL AKASHA Y EL MUNDO MANIFIESTO

El concepto de una dimensión akásica profunda conlleva amplias implicaciones para nuestra comprensión de la naturaleza elemental de la realidad. El Akasha no está en el espacio y el tiempo; antecede a las entidades, leyes y constantes que aparecen en el espacio-tiempo. La mejor forma de comprender este concepto revolucionario es a través de su analogía con los sistemas electrónicos de información.

La relación entre lo no observable en el Akasha sin espacio-tiempo y lo observable en la dimensión de espacio-tiempo es análoga a la relación que hay entre el software de un sistema de información con su comportamiento. El software determina cómo actúa el sistema y esas acciones se reflejan en la pantalla. La computadora está activa y la pantalla refleja esa actividad. Pero el software no cambia como resultado de esa actividad. Hasta que no se le modifique, se mantiene como está: un grupo de algoritmos que dictan el comportamiento del sistema. Se trata de la *lógica* inalterable y no de la *dinámica* cambiable del sistema.

Cuando aplicamos esta analogía al mundo real llegamos a la conclusión de que el Akasha es el algoritmo que rige los campos y las fuerzas que regulan el comportamiento de las partículas y sistemas de partículas en el mundo. Es la lógica del universo, el software inalterable que rige los sucesos en el espacio-tiempo.

EL FENÓMENO ENTRELAZADO

La ciencia de avanzada postula la conexión intrínseca de todas las cosas en el espacio-tiempo. Las interacciones entre los cuantos, las más pequeñas unidades identificables de materia y energía, resultan ser instantáneas: los cuantos están "entrelazados". Esta interacción instantánea trasciende los límites de los conceptos clásicos del espacio y el tiempo.

El entrelazamiento en el espacio —que resulta ser la interconexión entre los cuantos a cualquier distancia finita— se conoció desde la primera demostración en el llamado experimento EPR (Einstein-Podolsky-Rosen) en la década de los años 1970. Una medición en una de dos partículas pertenecientes a un grupo que ya ha existido en el mismo estado cuántico tiene un efecto inmediato en la otra partícula, sin importar la distancia espacial que la separa.

El entrelazamiento en el tiempo fue confirmado en la primavera de 2013 con experimentos en el Instituto de Física Racah, de la Universidad Hebrea de Jerusalén. Los físicos Megidish, Halevy, Sachem, Dvir, Dovrat y Eisenberg codificaron un fotón en un estado cuántico específico y después lo destruyeron. Hasta donde puede asegurarse, no existía un fotón en el espacio-tiempo de ese particular estado cuántico. Entonces los investigadores codificaron otro fotón para el mismo estado cuántico y descubrieron que el estado de la segunda partícula estaba instantáneamente entrelazado con el estado de la primera, aunque ya ésta no existía. Al parecer, las partículas que nunca han existido al mismo tiempo en el mismo estado cuántico pudieran seguir entrelazadas. Los científicos notaron que esto solo ocurre si se conserva en espacio-tiempo el estado del primer fotón.[4]

Numerosos experimentos en entrelazamientos muestran que no solo *algunos* cuantos, sino *todos* los cuantos están entrelazados más allá de los confines clásicos del tiempo y el espacio. El universo manifiesto resulta ser un todo interconectado instantáneamente e intrínsecamente. Esto resulta ser un hallazgo revolucionario que nos llama a reconsiderar nuestra comprensión sobre la naturaleza y el origen de las leyes que rigen la existencia y el funcionamiento del universo manifiesto. Nuevos sucesos de avanzada en el terreno de la física indican que esa reevaluación ya está cerca.

LA TEORÍA DEL ESPACIO-TIEMPO HOLOGRÁFICO

Uno de los acontecimientos más alentadores es la teoría de que el espacio-tiempo es una matriz cósmica entrelazada. En este concepto emergente, el espacio-tiempo es un holograma en tercera dimensión codificado con códigos bidimensionales en su periferia. Los fenómenos que experimentamos son proyecciones en tercera dimensión de esos códigos bidimensionales.

La comprensión de los hologramas nos indica que en un filme o medio holográfico toda la información que conforma la imagen tridimensional que se observa está presente simultáneamente en todos los puntos. Si el espacio-tiempo fuera un medio holográfico, indicaría que todos los cuantos, todos los sistemas compuestos por cuantos, y toda la información que produce cuantos y sistemas de cuantos existiría simultáneamente a través del espacio-tiempo. Cualquier cambio en el estado de un cuanto se reflejará en el estado de todos los cuantos. Esa modificación sería instantánea ya que la información que determina los diversos estados cuánticos está presente para todos los cuantos al mismo tiempo.

La hipótesis del espacio-tiempo holográfico encuentra su apoyo fundamental en la modificación instantánea del estado cuántico de partículas distantes que inicialmente habían ocupado el mismo estado cuántico. Esto se pudo observar con la prueba física del llamado experimento EPR (Einstein-Podolski-Rosen). Dado que el espacio-tiempo es un holograma y que todos los cuantos están entrelazados con todos los otros cuantos, las modificaciones en el estado de cualquier cuanto se reflejará en el estado de todos los cuantos.

La teoría de que el espacio-tiempo es un medio holográfico se confirmó en la primavera de 2013. El detector alemán GEO600 se construyó para buscar "ondas gravitacionales", serpenteos en la curvatura del espacio-tiempo que se propagan como ondas, que se alejan de la fuente, como lo predijo Einstein en 1916. El GEO600 halló inhomogeneidades al nivel elemental en el espacio, pero no eran ondas gravitacionales. El físico de Fermilab, Craig Hogan, sugirió que pudieran ser las ondas que, según la teoría de cuerdas, configuran la microestructura del espacio. Ese pudiera ser el caso si las micro-inhomogeneidades en los espacios-tiempos fueran proyecciones tridimensionales de los códigos bidimensionales de la circunferencia. Esta hipótesis puede ser examinada con la observación.

Consideremos que el volumen de espacio-tiempo es la distancia que la luz ha viajado en todas direcciones desde el Big Bang en los aproximadamente 13.800 millones de años que han pasado desde entonces. Vayamos más lejos y supongamos que esa circunferencia está "empapelada" con códigos bidimensionales del tamaño de un tablero de madera (donde cada cara del cuadrado tiene la longitud del tablero de madera: 10^{-35} metros), y que cada cuadro codifica un bit de información. Los sucesos en el volumen de espacio-tiempo serían entonces proyecciones tridimensionales de esos códigos bidimensionales en la circunferencia. Dado que el volumen de espacio-tiempo es mayor que su circunferencia (la diferencia se puede calcular dividiendo el área de la circunferencia por el volumen), resulta que si los códigos bidimensionales de la circunferencia son cuadros de la dimensión de un tablero de madera, los eventos tridimensionales dentro de ese volumen estarán en el rango de10^{-16} metros. Resulta que las ondas que halló el detector GEO600 son precisamente de ese tamaño.

Yoshifumi Hyakutake y sus colegas de la Universidad Ibaraki, en Japón, pudieron confirmar aún más la teoría del espacio-tiempo holográfico. Para ello computarizaron la energía interna de un agujero negro, la posición de su horizonte de sucesos, su entropía y otras propiedades basadas en las predicciones de la teoría de cuerdas y los efectos de las partículas virtuales. Hyakutake, junto a Masanori Hanada, Goro Ishiki y Jun Nishimura, calcularon la energía interna de un cosmos correspondiente de baja dimensión sin gravedad. Hallaron que los dos cómputos coinciden, lo que demuestra que la energía interna de un agujero negro y la energía interna de un cosmos correlativo de baja dimensión son iguales.[5] Esto indica que los agujeros negros, al igual que el cosmos en su totalidad, son holográficos.

INTEGRALIDAD E INTEGRIDAD MÁS ALLÁ DEL ESPACIO-TIEMPO

La hipótesis holográfica señala que los eventos tridimensionales entrelazados que ocurren en el espacio-tiempo no son realidades definitivas, sino proyecciones de códigos holográficos a un nivel más profundo de la realidad. Los códigos no están necesariamente en la periferia del espacio-tiempo (como indicaron algunos, entre ellos Hogan), ni tampoco es probable que estén en otro universo (como propuso Brian Greene). Se considera casi de forma terminante que pertenecen al quinto elemento que proponen los sabios rishi: en el Akasha.

El paradigma de Akasha percibe los eventos en el espacio-tiempo como manifestaciones de las relaciones fundamentales en la profunda dimensión akásica. Tal dimensión es un todo integral, una integridad holográfica sin espacio ni tiempo. La dimensión A akásica es la lógica que une al cosmos.

8

La conciencia en el cosmos

Tu conciencia no es tu conciencia.
Es la manifestación de la añoranza del cosmos por sí mismo.
*Te llega a través de ti, pero no viene de ti.**

La conciencia más allá del cerebro —la que hemos visto durante nuestro repaso por las experiencias cercanas a la muerte, la comunicación con los muertos, la transcomunicación instrumental a través de médiums, recuerdos de vidas pasadas y experiencias que indican una reencarnación— no es una entidad material en el mundo manifiesto. Es un elemento intrínseco en el Akasha, la dimensión profunda del cosmos.

La idea de que la conciencia es parte de una dimensión más profunda de la realidad ha sido una intuición eterna. Los grandes maestros espirituales, poetas e incluso científicos nos han venido diciendo que la conciencia no está "en" el cerebro y que no es parte del mundo en el que existe el cerebro. Es parte de la mente o la inteligencia que alimenta al cosmos. La conciencia aparece en el espacio y el tiempo como una

*Paráfrasis de la palabras de Khalil Gibran sobre los niños en *El profeta:*

Tu hijos no son tus hijos.
Son los hijos e hijas de la Vida que se añora a sí misma.
No vienen de ti, sino que llegan a través de ti.

manifestación localizada, aunque no es local. Erwin Schrödinger lo dijo claramente: la conciencia es una, no existe en plural.

Así como las partículas y los sistemas de partículas en el espacio-tiempo son proyecciones de códigos y relaciones en la profunda dimensión akásica, la conciencia asociada con los organismos vivos es una manifestación —una proyección holográfica— de la conciencia unitaria que prácticamente no existe, pero que realmente es esa dimensión.

EL CONCEPTO AKÁSICO DE LA CONCIENCIA

Si la conciencia es una manifestación holográfica de la conciencia unitaria del cosmos, se presenta a través del espacio y el tiempo. La conciencia está presente en el reino mineral, en el mundo vivo y en los sistemas ecológicos y sociales constituidos por seres humanos y otros organismos. Está presente al nivel de cuantos en uno de los extremos del espectro de tamaños de la compleja naturaleza, y a nivel de galaxias en el otro extremo.

Pero la conciencia, y los sistemas y organismos con los cuales está asociada, existen en diferentes planos de la realidad. Las partículas y las entidades compuestas por esas partículas forman parte del mundo manifiesto, mientras que la conciencia que pudiera estar asociada con ellas es un elemento en la dimensión profunda.

Esta percepción explica misterios que no han sido resueltos. Entre otras cosas, soluciona el problema de la "pregunta difícil" en las investigaciones sobre la conciencia: cómo es que algo material como el cerebro puede producir la conciencia, que es inmaterial. Este rompecabezas no necesita ser resuelto porque se apoya en falsas premisas. No hay necesidad de explicar cómo el cerebro produce la conciencia porque el cerebro y la conciencia están en planos separados de la realidad. El cerebro no *produce* conciencia, la *transmite* y la *proyecta*.

Consideremos esta propuesta. El argumento estándar que se usa para asegurar que el cerebro produce conciencia es la percepción de que cuando el cerebro no funciona, cesa la conciencia. Hay varios errores en esa aseveración. En primer lugar, no es cierto que la conciencia necesariamente se detenga cada vez que el cerebro deje de funcionar. Como hemos visto en nuestros casos de experiencias cercanas a la muerte, los estudios muestran que las personas cuyos cerebros estaban clínicamente muertos pueden tener sensaciones conscientes, y a veces tal experiencia proviene de una percepción verídica del mundo.

Segundo, aunque la conciencia se detuviese cuando el cerebro deja de funcionar, eso no demostraría que la conciencia es producida por el cerebro. Cuando apagamos nuestra computadora, teléfono móvil, televisión o la radio, desaparece la información en pantalla, pero la información en sí misma no deja de existir. Así como la información que muestran esos instrumentos electrónicos existe independientemente de ellos, la conciencia que refleja el cerebro existe independientemente del cerebro que la transmite. La conciencia existe en el cosmos independientemente de que un cerebro la transmita o no.

BASES EMPÍRICAS

La afirmación de que la conciencia es un elemento intrínseco de la profunda dimensión cósmica tiene sus fundamentos de nuestra propia experiencia. Accedemos a la conciencia en una forma radicalmente diferente de la forma en que accedemos a los objetos en el mundo. Para empezar, la conciencia privada: sólo "yo" puedo experimentarla.

Pero a diferencia de otras cosas, yo no observo mi conciencia, la *experimento*. La diferencia es considerable. La observación es una acción en tercera persona: el observador está separado de la persona, el objeto o el suceso que observa. El cerebro, a diferencia de la conciencia con la que está asociado, puede ser observado de este modo. Al observar el cerebro podemos ver que la materia gris ha creado un sinnúmero de conexiones de redes de neuronas y subneuronas. Pero nosotros no podemos observar la conciencia asociada a ese proceso.

El apoyo es aún mayor para los que afirman que la conciencia no es parte del espacio-tiempo manifiesto en el mundo. Es la evidencia —presentada en la Parte I— de que la conciencia no sólo existe asociada al cerebro sino que también puede permanecer más allá de él. Si la conciencia fuera producida por el cerebro cesaría cuando el cerebro deje de funcionar. Sin embargo, hemos visto en algunos casos notables que la conciencia sigue existiendo tras el cese de las funciones cerebrales, y eso no es una anomalía. La conciencia no es parte del cerebro y no es producida por él. Es simplemente transmitida y proyectada por el cerebro y existe, sea o no transmitida y proyectada por el cerebro.

LAS PRINCIPALES PROPUESTAS DEL CONCEPTO AKÁSICO DE LA CONCIENCIA

La conciencia es transmitida y proyectada por el cerebro

Si la conciencia no está en el mundo manifiesto y tampoco es parte de él, entonces la conciencia es un dominio espiritual trascendental descrito en las religiones abrahámicas o es parte de una dimensión no manifiesta del cosmos. Según el concepto akásico, la conciencia es parte del cosmos, incluso una parte fundamental de él, pero no es la parte observable del espacio-tiempo.

Mientras reflexionamos sobre esta propuesta, regresemos a la analogía de la información transmitida por un radio u otro instrumento. Sabemos que un radio *reproduce* los sonidos de una sinfonía, pero no *produce* esa sinfonía. La sinfonía existe independientemente de su reproducción y sigue existiendo después que apagamos el radio. Por supuesto, que cuando se apaga el radio ya no escuchamos los sonidos de la sinfonía, pero eso no quiere decir que la sinfonía dejó de existir.

La dimensión profunda es una conciencia cósmica

Como se enunció con anterioridad, la dimensión profunda del cosmos es una conciencia. Recibe información de la dimensión manifiesta e "in-forma" a esa dimensión manifiesta. En la perspectiva del mundo manifiesto la dimensión profunda es un campo de información o médium: "in-forma" las cosas en el mundo. Pero "en sí misma", esa dimensión es más que una red de de señales informativas. Es una conciencia por derecho propio.

Esta doctrina es apoyada por la experiencia de nuestra propia conciencia. Notamos que nosotros no *observamos* la conciencia, la *experimentamos*. Tampoco *observamos* el Akasha (es una dimensión "oculta"), sino que la *experimentamos*. Para ser más precisos, sentimos su efecto en las cosas que podemos experimentar, las cosas que están en en la dimensión manifiesta. Supongamos entonces que podemos experimentar no sólo el espacio-tiempo manifiesto, sino también la propia dimensión profunda. Eso presupondría que somos seres divinos o sobrenaturales que nos expandimos junto al universo. Si *fuéramos* el cosmos, pudiéramos hacer una introspección en su dimensión profunda. Nuestra introspección muy probablemente revelaría lo que la introspección revela sobre nuestra experiencia: no hay conjuntos y flujos de señales, sino el flujo cualitativo que conocemos como nuestra conciencia. Nuestra introspección a nivel cósmico revelaría una conciencia cósmica.

La conciencia cósmica in-forma al mundo manifiesto

¿Cómo es que la conciencia en la dimensión profunda in-forma sobre las cosas en el mundo manifiesto? Esa es una pregunta difícil porque tiene que ver con el efecto físico de un elemento no físico. Se explica, sin embargo, por las recientes declaraciones en una frontera donde la física cuántica coincide con la neurociencia. El concepto fundamental proviene del trabajo del físico Roger Penrose y el especialista en neurociencia Stuart Hameroff, quienes alegan que su teoría explica cómo una conciencia inmaterial puede entrar e in-formar al mundo material (o casi material).[1]

El concepto relevante es la Reducción del Objetivo Estructurado (Orch OR, en inglés), de Penrose. Este concepto extiende la relatividad general de Einstein a la escala de Planck, el nivel básico del espacio-tiempo. Según Penrose, una partícula en un estado o lugar es una inflexión específica en la geometría del espacio-tiempo, y la misma partícula en otro lugar es una inflexión en la dirección opuesta. La superposición de las inflexiones en ambos lugares resultará en inflexiones simultáneas en direcciones opuestas, lo que constituye burbujas o ampollas en el tejido del espacio-tiempo.[2] Esas burbujas o ampollas son los cuantos que habitan en el mundo físico. Están entrelazados y no son locales, pero son inestables: colapsan al interactuar con la delgada estructura del espacio-tiempo, y asumen un estado particular en un lugar y tiempo específicos.

Penrose indica que con cada colapso del cuanto se introduce un elemento de conciencia en el espacio-tiempo. Si este es el caso, tendríamos una explicación basada en la física sobre cómo la conciencia en la dimensión profunda entra en el mundo manifiesto. Hemos dicho que cada cuanto, cada átomo y cada estructura multiatómica, incluidos nuestro cerebro y nuestro cuerpo, están "in-formados" por la dimensión profunda. Esa "in-formación" se produce por la sensibilidad de las estructuras subneuronales de nuestro cerebro a las fluctuaciones a nivel cuántico. Responden a la reducción del objetivo estructurado a través de la cual la conciencia entra en el mundo manifiesto como una delgada estructura de espacio-tiempo.

No quedan dudas de que las teorías que dan cuenta de la presencia de una conciencia en el mundo se desarrollarán aún más en los años venideros. Pero es poco probable que ese progreso futuro cambie la percepción básica de que la conciencia no es producida por el cerebro. La conciencia es un fenómeno cósmico simplemente transmitido y elaborado por el cerebro.

La conciencia es una dimensión cósmica y el cerebro es una entidad local. La conciencia asociada con el cerebro es una manifestación localizada del Akasha, la dimensión profunda del cosmos.

PARTE III

LA EXPLICACIÓN

9

Experimentando de nuevo la conciencia

El recuerdo del Akasha

El objetivo de la Parte III de este estudio es explorar la ciencia delineada en la Parte II debido a su habilidad para aclarar el fenómeno que abarca más allá del cerebro, presentado en la Parte I. Teniendo en cuenta el paradigma del Akasha, podemos considerar el contacto y la comunicación con una conciencia no asociada con un cerebro vivo como un fenómeno confiable.

Hemos dicho que la conciencia humana es una manifestación localizada de la conciencia integral que llamamos Akasha. Las manifestaciones de conciencia que hemos hallado en casos de recuerdos de vidas pasadas o reencarnación, usando médiums o a través del uso de diferentes instrumentos, son ejemplos localizados de esa conciencia cósmica.

Como nuestra conciencia individual es parte integral de la holográfica y entrelazada Akasha, todo lo que ocurre en nuestra conciencia se integra con otras instancias de la conciencia ubicadas en el universo.

Esta propuesta pudiera parecer alucinante, pero está dentro de los límites de la experiencia actual. Nos resulta familiar en el sentido de que puede ser comparada con sistemas artificiales de información. Consideremos una computadora portátil que funciona con baterías, una tableta o un teléfono inteligente. Si el aparato funciona con sus baterías, se gastará. Las baterías de un aparato electrónico son equivalentes a la energía vital de un organismo vivo. Ambos se pueden recargar por un tiempo, pero no indefinidamente. Tarde o temprano la energía que alimenta el sistema se gastará, y entonces el sistema electrónico quedará inerte y el organismo morirá. Cuando el organismo se va acercando a su estado final, su conciencia se desvanece y parpadea, igual que la pantalla de un equipo electrónico cuando sus baterías están casi agotadas. Cuando el organismo ha usado completamente las energías de que dispone, su conciencia desaparece. El organismo muere y el equipo electrónico se dice que "ha muerto" también. Los sistemas ya no procesan información.

La muerte de un organismo y el correspondiente estado de "muerte" de un aparato electrónico es la interpretación clásica de lo que ocurre cuando se gasta la energía almacenada en un sistema. En relación con el equipo electrónico, sabemos que las consecuencias no son necesariamente lo que aparentan. Todo lo que ha sido programado en el equipo pudo haber sido almacenado (por ejemplo, cargándolo en una aplicación tal como Dropbox, iCloud u otro programa de almacenaje. Los algoritmos y programas que conforman la inteligencia del aparato persisten incluso cuando el sistema está fuera de servicio y pueden recuperarse cuando se recarga el equipo. Pueden ser recuperados no sólo por los equipos que introdujeron la información, sino también por cualquier equipo con una fuente de alimentación activa.

Un proceso similar de conservación de la información ocurre con la naturaleza. Aunque un organismo no se puede revivir una vez que ha entrado en estado terminal, sus datos de memoria pudieron haber quedado almacenados en el Akasha y cualquier organismo con un cerebro activo y un sistema nervioso pudo haber "llamado" esa información. Todo lo que está en el flujo de sensaciones, sentimientos e información de la conciencia humana es "guardado" en esa dimensión profunda. Esto no es un proceso separado, sino intrínseco y continuo. La conciencia humana no es un producto del cerebro humano, sino un elemento intrínseco de la conciencia que impregna el cosmos.

Eso explica por qué experimentamos elementos de conciencia que no son elementos de nuestra conciencia. Sabemos que en un sistema de información con almacenaje de "nube" todos los archivos se vinculan con otros archivos, por lo que todos pueden ser recuperados. Todo lo que se necesita es un código —el "usuario" o la "contraseña"— para que aparezca ese archivo. Esto lo vemos cuando "llamamos" información en los sitios de Internet. La propia Internet no está presente en nuestros sentidos, es una red invisible que abarca, almacena y puede mostrar todos los archivos que han sido cargados a ella.

Esa es una analogía para el proceso que ocurre con la información que procesa el cerebro. Las redes cerebrales procesan y almacenan la información recibida por el organismo y alguna o potencialmente toda esa información puede ser recuperada. Cuando pensamos en una persona, un lugar o un suceso, imaginamos esa persona, lugar o suceso junto con las personas, lugares o sucesos relacionados con ellos. Los recuperamos de nuestros almacenes de memoria. También podemos recordar personas, lugares y sucesos que no fueron parte de las experiencias de nuestra vida.

La conciencia asociada con nuestro cerebro es un elemento intrínseco de un campo de información cósmica entrelazado holográficamente. Está conectado al "resto del mundo". Esto significa que, en principio, podemos evocar la conciencia de cualquiera, cualquier "archivo" que ha sido "guardado" en el campo de información cósmica, sin importar si la persona que introdujo la información está viva. Esta forma de experimentar algo nuevamente no es una posibilidad abstracta, su potencial ha sido demostrado en las investigaciones de psicólogos y psiquiatras en el área transpersonal. Cuando esos científicos llevan a sus pacientes a estados alterados de conciencia, les expanden la conciencia hasta un punto que, en las palabras de Stanislav Grof, parece que se abarca el universo completo.

El contacto y la comunicación con las formas delimitadas de la conciencia cósmica se facilitan entrando en un estado alterado de conciencia propio. La comunicación es provocada por amor, aflicción y otros intensos estados emotivos. Los médiums parecen poder lograr esta comunicación a voluntad. La comunicación también se puede lograr usando instrumentos electrónicos, donde un instrumento manifiesta la información evocada por el comunicador o investigador. Y aquéllos que han experimentado la reencarnación alegan que la comunicación se puede lograr gracias a elementos corporales que ellos poseen y que coinciden con los de la persona fallecida, especialmente si la persona vivió en el mismo contexto y falleció de una muerte violenta.

La noción de "evocar" es válida. A través de nuestra conciencia evocamos elementos que pudieran pertenecer a nuestra conciencia (en cuyo caso son nuestros recuerdos duraderos) o elementos de la conciencia de otras personas. Todos los elementos de la conciencia están conservados en una dimensión profunda y están integrados a los otros elementos. Cualquiera los puede evocar o experimentar nuevamente. Ese recuerdo no está limitado ni en el tiempo ni el espacio. Nuestra conciencia localizada es una parte integral de la conciencia que in-forma al universo.

10

Más allá de la muerte

El regreso al Akasha

Tras haber pasado revista al recuerdo de elementos de la conciencia provenientes del Akasha, ahora vamos a ver el proceso contrario: cómo retornamos esos elementos de nuestra conciencia de nuevo a la dimensión akásica. Como se ha subrayado, cada pensamiento, sentimiento e intuición que se presenta en nuestra conciencia se transfiere espontáneamente al Akasha. En ese sentido, el término transferencia es engañoso. Todo en nuestra conciencia está intrínsecamente vinculado a —y es intrínsecamente parte de— la dimensión profunda akásica. Nada necesita ser transferido. Todo ya está ahí, guardado instantáneamente y espontáneamente.

Cuando una persona muere, termina ese proceso de intercambio inmediato. En ese momento, toda la información que ha sido guardada en la dimensión profunda regresa a esa dimensión. Una vez más, el término "regresar" no es totalmente correcto, porque no se trata de un montón de información "regresando" de un lugar a otro. La totalidad de la información que conforma nuestra conciencia está conservada en el Akasha y se integra a la conciencia del resto de los humanos y otros seres en el espacio-tiempo. Con la muerte del cuerpo la conexión entre nuestra conciencia individual y la conciencia cósmica se mantiene inalterable, sólo nuestro cuerpo y nuestro cerebro se mueven de ahí. La muerte no es el fin de la existencia, es el regreso al cosmos de la conciencia que estaba en un individuo.

El cuerpo humano tiene un período finito de existencia, mientras que la conciencia cósmica pudiera ser infinita. Por consiguiente, no sólo hay un punto en el tiempo donde la conciencia de la dimensión profunda entra y comienza a "in-formar" al cuerpo, sino que también hay un punto cuando el proceso de "in-formación" llega a su fin. Después de ese punto final, los cuantos, los átomos, las moléculas y las células que conforman el cuerpo siguen su propio rumbo. Son in-formadas separadamente por el Akasha y conservan la conciencia que corresponde a su propio estado. La conciencia que había in-formado al cuerpo entero no se desvanece, sino que comienza entonces su propia trayectoria. Se mantiene como una parte intrínseca de la conciencia del cosmos.

CARACTERÍSTICAS DE LA REENTRADA AL AKASHA

Hay reportes de primera mano sobre las características del regreso al Akasha de la conciencia localizada de un individuo. Se trata de relatos de experiencias cercanas a la muerte de personas que casi han muerto pero que regresaron. También existen reportes indirectos —" transcomunicaciones"— de personas que sí murieron. Esos relatos provienen de médiums, personas en estados alterados de conciencia y de niños, todos los cuales pudieron recordar algunos elementos de su propia muerte: el retorno de su conciencia al Akasha.

Como dijimos en el Capítulo 1, las experiencias cercanas a la muerte, aunque son diversas, tienen elementos comunes: Raymond Moody los llamó "rasgos". Los rasgos principales incluyen la sensación de estar muerto, en paz y sin dolor, las experiencias de salirse del cuerpo y el efecto de túnel, encontrarse con seres de luz, elevarse rápidamente al cielo, la reticencia al retorno y el repaso panorámico de la vida. Otros rasgos de esa experiencia incluyen encuentros felices con familiares y otros seres queridos, y también encuentros frustrantes con personas que no advirtieron los intentos del fallecido por contactarlos y no percibieron su presencia incorpórea. Pero es la sensación de paz y tranquilidad profundas la que normalmente prevalece en muchas, sino todas, las experiencias cercanas a la muerte y que hace que la mayoría no quiera regresar.

Hay asociaciones psicológicas que explican algunos de los rasgos anteriores, entre ellas la experiencia del túnel y de una brillante luz. Como ya se ha dicho, se ha detectado un aumento del flujo sanguíneo en el cerebro de las personas que están a punto de morir. Esta pudiera ser la razón por la que perciben el túnel y la luz refulgente cuando se acerca el final. Pero el aumento del flujo sanguíneo lo explican otros rasgos de las experiencias cercanas a la muerte. No hay una explicación física o psicológica para la sensación de salirse fuera del cuerpo, para el contacto y la comunicación con seres de luz y para el recorrido panorámico de sus vidas. Incluso, tales elementos sugieren que la conciencia asociada con un cerebro y un cuerpo vivos sigue estando presente. Y está presente con más intensidad y eficacia que durante toda la vida del individuo.

EL CASO DE "E.K."

Frecuentemente hay un sentimiento de gran felicidad después de una experiencia cercana la muerte. El siguiente relato que canalizó Jane Sherwood ilustra ese punto.

> Me hallé despierto en un estado de transición... Pensé que aún estaba débil y enfermo, pero salí de mi reposo sintiéndome maravillosamente fresco y feliz y vagué durante un rato por este mundo raro aunque no parecía tener sentido. El melancólico silencio me colocó en un estado de inconsciencia por largo tiempo, porque cuando por fin me desperté me sentía diferente: ya no me sentía frágil y débil, sino vigoroso y listo para todo, como si hubiese regresado a mi juventud.

E.K. se vio entonces en una colina y describió la escena:

> No era una belleza terrenal. Había luz sobre las cosas y en ellas, por lo que todo se veía vistosamente vivo. La grama, los árboles y las flores estaban tan iluminados en su interior con su propia belleza que el alma se infundía con el milagro de la perfección...
>
> Yo mismo me siento confundido cuando describo esos paraísos de la forma en que los ví desde la colina. La luz no irradiaba desde una sola dirección, era un resplandor, una realidad universal que lo bañaba todo con su suave fulgor al punto que las fuertes sombras y los oscuros contornos que definen las figuras no existían. Cada cosa resplandecía y chispeaba con lúz propia y, al mismo tiempo, estaba iluminada con el esplendor circundante. El cielo, cuando miré hacia arriba, era como una perla reluciente con colores iridiscentes. Había una insondable profundidad en el espacio mientras los relucientes colores se hacían transparentes para mostrar el abismo infinito.[1]

Esas experiencias indican que el individuo ha dejado atrás el mundo manifiesto de las cosas locales y materiales y ha entrado un reino donde las cosas no tienen una consistencia material y no existen en lugares específicos del espacio y el tiempo.

DOS CAMINOS

La sensación de dicha que aportan las experiencias cercanas y posteriores a la muerte es sorprendente, pero no es un sello distintivo en todas las personas. Al parecer, la conciencia humana puede tomar más de un camino cuando abandona el cuerpo. Mientras unas experiencias son alegres y gratificantes, otras pueden ser de malestar y sufrimiento.

Durante miles de años las religiones y las tradiciones espirituales en el mundo han dicho que la travesía del alma más allá del cuerpo puede llevarnos a un reino celestial, pero también puede llevarnos a un valle de sufrimiento e infortunio. ¿Hay un razonamiento discernible para entrar en uno de esos dos caminos?

El budismo tibetano describe la transición que va más allá de la vida terrenal como un paso por el bardo. *Bardo* significa un estado "intermedio", "transitorio" o "en el medio". Es el estado de la existencia entre dos vidas terrenales. Después de la muerte y antes del renacimiento, la conciencia no está asociada con un cuerpo físico y experimenta diferentes cosas en su estado no corpóreo. Puede experimentar percepciones claras del entorno cercano, así como alucinaciones perturbadoras. Esto último pudiera preceder al renacimiento que llega en una forma indeseable y en circunstancias desfavorables.

En el budismo tibetano la entidad que transita de una vida a otra es el *gandharva.* Su existencia es una suposición lógica, ya que no puede haber una discontinuidad entre la muerte y el renacimiento de un individuo. El período intermedio es el de transición o transmigración: el período del sexto bardo. Está precedido de otros cinco períodos que se extienden a lo largo de la vida anterior del individuo y que son: el *bardo shinay* (el del nacimiento y la vida), el *bardo milam* (el bardo del estado del sueño), el *bardo samten* (el bardo de la meditación), el *bardo chikkhai* (el bardo de la luminosidad propia de las visiones) y por último, el *bardo sidpa,* el bardo de la transmigración.[2]

Las tradiciones espirituales de Occidente nos ofrecen un relato diferente sobre la travesía del alma, el espíritu o la conciencia más allá de la muerte. La explicación clásica viene de la mitología griega. Nos habla del Hades, el reino de los muertos, atravesado por cinco grandes ríos: el Estigia, el Aqueronte, el Cocito, el Flegetonte y el Lete. (Contrario a la creencia popular, no era en el río Estigia donde el barquero que transportaba a los muertos al otro lado hacía su intercambio, sino en el menos conocido Aqueronte). La estadía en el Hades no era eterna. En su vasta intemporalidad había un período de tiempo en el cual, una vez completado, se esperaba que el difunto (a quien los griegos llamaban "la sombra") regresara y reviviera su vida. Sin embargo, antes de regresar la sombra tenía que beber de las aguas del Lete, el río del olvido. Con sus aguas se limpiaban todos los recuerdos que la sombra tenía de su pasado y se le permitía renacer en la misma vida. El poeta romano Virgilio describió ese momento:

> Eneas en tanto ve en una cañada un apartado bosque lleno de gárrulas enramadas, plácido retiro, que baña el río Lete. Innumerables pueblos y naciones [de fantasmas] vagaban alrededor de sus aguas... Ignorante Eneas de lo que ve, y estremecido ante aquella súbita aparición, pregunta la causa, cuál es aquel dilatado río y qué gentes son las que en tan grande multitud pueblan sus orillas. Entonces [el fantasma de] su padre Anquises dijo: "Esas almas, destinadas por el hado a la reencarnación, están bebiendo en las tranquilas aguas del Lete el completo olvido del pasado para que puedan regresar allá arriba, a la tierra".[3]

Cuando las aguas del Lete lavan todos los recuerdos de la vida recién terminada de la sombra, entonces renace en otro cuerpo y comienza una nueva vida, sin recordar la que acaba de terminar.

EL CAMINO AL RENACIMIENTO

La creencia de que el alma, espíritu o conciencia renace en otro cuerpo no sólo se limita a las doctrinas espirituales, sino que está tan difundido que es casi una creencia universal. Esto pasa en casi todos los rincones del planeta de casi todas las culturas. En la antigua Grecia era la creencia principal de la religión órfica u orfismo, y en la cábala judía era conocido como Gilgul. En los límites occidentales europeos, los celtas, como parte de su teología druida, creían que el alma humana siempre pasaba de un cuerpo a otro, y más al norte, los escandinavos compartían las mismas ideas. En los tiempos modernos, las creencias sobre la transmigración de las almas están presentes en los Yorubas de África Occidental, las tradiciones chamánicas de los aborígenes americanos de Alaska y la Columbia Británica, los drusos en el Líbano y los alevíes en Turquía.

Las creencias espirituales y religiosas que apoyan la transmigración del alma están sustentadas por la evidencia secular suministrada por especiales y disímiles experiencias de reencarnación. En la categoría estándar hay muy poca información sobre lo que le ocurre a la conciencia entre dos vidas. La conciencia simplemente reaparece en otro cuerpo, normalmente en el de un niño. La travesía desde el cuerpo anterior, ahora muerto, al nuevo pocas veces se conoce. Pero si ese viaje ocurre en un tiempo finito, deben existir rastros de él en la conciencia transitoria. Aparentemente esos rastros existen, pero raramente se reportan. Miles de casos de reencarnación han sido informados por cientos de investigadores experimentados, y algunos de ellos describen ese intervalo entre el deceso de la antigua personalidad y su reaparición en otra. El intervalo más frecuente parece ser de un año, pero se sabe que algunos períodos han durado varios años. En el caso de personajes históricos ese intervalo se puede extender por siglos.

Algunos niños se refieren a "recuerdos de intervalo" que ofrecen un atisbo a la experiencia entre la muerte y el renacimiento. La mayoría de esos relatos provienen de niños de varios lugares de Asia. Jim Tucker y Poonam Sharma recopilaron una cantidad impresionante de lo que ellos llaman "experiencias de reencarnación con recuerdos del intervalo entre vidas".[4]

De entre las más de 2 500 experiencias de reencarnación recopiladas por Tucker y Sharma, 26 incluyen recuerdos de ese intervalo entre la muerte de la personalidad anterior y su reaparición en un niño. Los recuerdos de intervalo son normalmente de cuatro tipos: recuerdos del funeral del fallecido, seguidos por experiencias en otros sucesos terrenales, entonces vienen los recuerdos de una existencia en un plano extraterrenal y finalmente los recuerdos de la concepción o el renacimiento. Las experiencias de reencarnación con recuerdos de intervalo son generalmente más claras y más verídicas que las experiencias de reencarnación sin recuerdos de intervalo. Los niños que las recuerdan conocen a la antigua personalidad por su nombre e incluso su sobrenombre y proveen un relato claro y verificable sobre la forma en que falleció esa persona. Tucker y Sharma hallaron que el 74 por ciento de los reportes sobre las muertes anteriores eran precisos en la mayoría de los detalles y que el 10 por ciento era preciso en su totalidad.

Las experiencias de intervalo son más claras también en lo relacionado con las marcas o defectos de nacimiento que corresponden con heridas sufridas por la persona anterior. Los niños con recuerdos de intervalo muestran más elementos del comportamiento de la persona anterior y revelan menos diferencias entre esa persona y sus familias.

La diferencia entre las experiencias de reencarnación con recuerdos de intervalo y las que no tienen tales recuerdos radica fundamentalmente en la claridad y la intensidad de esas experiencias. No existen diferencias significativas en las edades de los niños que recuerdan esas experiencias ni tampoco en el número de marcas o defectos de nacimiento en sus cuerpos. Hay unas pocas diferencias relacionadas con la distancia entre el lugar donde vivió la personalidad previa y el lugar donde ahora vive el niño: se ha demostrado que la distancia promedio es de 201 kilómetros en las experiencias con intervalo y 255 kilómetros en experiencias sin recuerdos de intervalo.

EXPERIENCIAS CERCANAS A LA MUERTE Y EXPERIENCIAS DE REENCARNACIÓN

Las experiencias de reencarnación son lo suficientemente similares a las cercanas a la muerte como para poder decir que son del mismo tipo. Sin embargo, hay marcadas diferencias. Las experiencias cercanas a la muerte frecuentemente tienen un elemento de regreso o evocación de la existencia en el cuerpo físico, algo que no existe en las experiencias de reencarnación. Otras diferencias están relacionadas con la calidad de esas experiencias. Hemos visto que muchas experiencias cercanas a la muerte son positivas y en ocasiones de un júbilo extraordinario. Esto no ocurre en las experiencias de reencarnación. Treinta y cinco experiencias de reencarnación con intervalos analizados por Tucker y Sharma incluían lo que los niños describieron como "una sensación subjetiva de estar muertos", pero sólo dos de las 35 experiencias fueron positivas con una sensación de paz y sin dolor. Las experiencias de reencarnación también carecen de la sensación de estar rodeado de luz, de entrar en ella y de ver hermosos colores. En raras ocasiones evocan un sentimiento de armonía y unidad con el cosmos. En su lugar, el intervalo entre las vidas parece ser un período de malestar y sufrimiento.

¿Cómo podemos explicar esas divergencias entre las experiencias cercanas a la muerte y las de reencarnación? La respuesta ha sido aportada tradicionalmente en las doctrinas espirituales y religiosas. En las tradiciones orientales el concepto clave en este asunto es el karma. La calidad del karma personal, determinado por la calidad espiritual y moral de la vida del sujeto, al parecer decide bajo qué circunstancias esa persona va a regresar.

La naturaleza de nuestro karma puede también decidir si regresamos o no. El regreso a la existencia terrenal puede ser consecuencia de una vida que no se ha cumplido en su totalidad y necesita otro ciclo de existencia para rectificar. El renacimiento puede ser una segunda oportunidad —y tal vez una tercera o una décima— en la trayectoria de la conciencia personal hacia planos más elevados, que los budistas llaman nirvana y que ahora reconocemos como una dimensión profunda del cosmos.

El camino sin regreso es muy apreciado por los maestros espirituales. El Tulku Thondup tibetano aconsejó: "si usted es un meditador consumado —de los que han perfeccionado la naturaleza iluminada de la mente— debe mantenerse en ese estado de iluminación sin vacilar. Si lo hace, en vez del renacimiento pudiera alcanzar el estado de buda".[5]

En esencia ese es el mensaje con el que concuerdan también los médiums occidentales que se comunican con entidades no corpóreas. Según Seth, la entidad que canalizó Jane Roberts, el estado de ser humano es sólo una etapa en el progreso de un alma o el desarrollo de un espíritu. Cuando se completa esta etapa, hay un camino a otro plano de existencia con más elevadas oportunidades de avance.[6]

Los caminos del viaje de la conciencia más allá del cuerpo parecen divergir. Aun cuando exista un regreso cíclico a la existencia terrenal a través de la reencarnación, para períodos de prueba y perfeccionamiento, cuando ese ciclo se completa la conciencia humana regresa a su lugar de origen: el Akasha, la dimensión profunda y la conciencia integral del cosmos.

Comenzamos esta investigación haciendo la Gran Pregunta: ¿Nuestra conciencia —mente, alma o espíritu— termina con la muerte de nuestro cuerpo o continúa de alguna forma, tal vez en otro dominio o dimensión del universo? Ahora podemos decir que la respuesta para la Gran Pregunta es positiva. Nuestra conciencia no termina con el deceso de nuestro cuerpo; continúa existiendo en otra dimensión del cosmos: en la dimensión profunda que llamamos Akasha. Aunque no hay una certeza absoluta para ninguna pregunta relacionada con la naturaleza de la realidad —y especialmente la naturaleza de la realidad más profunda— la certidumbre que tenemos en relación con la Gran Pregunta es lo suficientemente sólida para confirmarnos que la respuesta que hemos hallado es posiblemente correcta.

EPÍLOGO

Inmortalidad consciente

El nacimiento de una nueva era

Aunque la Gran Pregunta no ha sido total y definitivamente respondida, ni tampoco lo será, tenemos buenos motivos para creer que somos inmortales. Al final, nuestros cuerpos y mentes no definen quiénes somos. Aunque nuestro cuerpo sea mortal, nuestra mente, como toda la conciencia del cosmos, persiste indefinidamente tal vez más allá del espacio y el tiempo.

¿Qué significa poseer una conciencia que existe más allá del cuerpo vivo? Es como un tipo de inmortalidad, ¿pero qué significa para nosotros como individuos y como especie? Ciertamente, el conocimiento de nuestra inmortalidad cambia el concepto de quiénes somos y de cómo es el mundo. Se trata de un cambio importante, una verdadera transformación si consideramos que los puntos de vista materialistas aún predominantes no permiten la existencia de una mente inmortal. Pero si esa noción fuera correcta, la conciencia no pudiera persistir más allá del cuerpo y la evidencia en ese terreno sería un enigma. Pero la evidencia es sólida y los criterios predominantes probablemente son erróneos. Nuestra conciencia no desaparece cuando morimos. Esa es una percepción ancestral, y si podemos revivirla y recordarla, nacerá una nueva era para nosotros como individuos y para toda la especie humana.

LA NECESIDAD DE UNA NUEVA ERA

Se ha dicho que la única constancia en este mundo es la constancia del cambio. El cambio es constante, pero su ritmo varía considerablemente. Hay épocas de relativa estabilidad y épocas de cambios abruptos y revolucionarios. Esto se aplica tanto a la evolución de las galaxias, a la de las especies y también a la sociedad.

Vivimos en una era de cambios acelerados. Nuevas sociedades, conformadas por nuevas formas de pensamiento, de actuación y valores, brotan de repente. Pero este desarrollo está en gran medida carente de un propósito consciente. No hay un consenso de adónde nos llevará ni cómo debe llevarnos. Es una laguna peligrosa. En el pasado había una visión más definida sobre hacia dónde íbamos. Tal visión estaba inspirada por valores que proclamaban la espiritualidad y la religión y también, al entrar el siglo XIX, por ideales seculares. Los ideales fueron a veces explotados por elites sedientas de poder y el resultado nos presentó la siguiente pregunta: ¿Es preferible ir a la deriva y sin timón por los mares del cambio o navegar en pos de un fin que pudiera ser erróneo y tal vez dañino? En condiciones ideales, deberíamos navegar siguiendo la estrella que representa los mejores intereses de todos. Eso, sin embargo, no es fácil de lograr.

En tiempos de cambios abruptos e imprevistos, hay espacio para el pensamiento positivo. Es necesario concebir un futuro positivo y sujeto al escrutinio y la investigación. Si hoy se le pregunta a la gente qué necesitamos para lograr un mejor futuro, la mayoría dirá que necesitamos energía y más abundante y barata, mayor riqueza, mejores tecnologías y una información más eficiente para lograr resultados. Hemos tratado de aplicar esas respuestas a los problemas que enfrentamos y todas han fallado. El mundo continúa en una espiral cuesta abajo hacia el conflicto, la crisis y la degradación.

Es hora de adoptar una mejor visión de nuestro destino individual y colectivo, una visión que no dicte trayectorias preconcebidas de acción sino que aliente al espíritu humano y le dé confianza en el valor de la vida y el propósito de la existencia. Una visión tal pudiera provenir del conocimiento que tenemos sobre una mente y una conciencia inmortales.

En el pasado, la creencia en la inmortalidad era sólo eso: una creencia, pero ¿qué pasaría si la inmortalidad estuviese basada en hechos y tuviese una credibilidad apoyada por la ciencia? Hemos visto que esto es una posibilidad real. ¿No inspiraría y promovería valores positivos y comportamientos responsables?

UNA CORTA HISTORIA DE CUATRO ERAS

En los comienzos de la historia existimos como seres inmortales, pero no lo sabíamos. Más tarde nuestra existencia fue conectada con la creencia intuitiva de que somos inmortales. Y entonces vino la gran desilusión que trajo el racionalismo de la era moderna: comenzamos a existir como seres mortales conscientes. La era de la mortalidad consciente aún está aquí hoy. ¿Pero seguirá ahí mañana?

La era de la inmortalidad inconsciente

En los aproximadamente 5 millones de años desde que nuestros antepasados se separaron de los simios más desarrollados, no estábamos conscientes de nuestra mortalidad o inmortalidad. Sólo existíamos sin pensar conscientemente sobre la naturaleza de nuestra existencia. Teníamos una mente inmortal, pero no estábamos conscientes de ella. Pero saber que nuestra mente era inmortal no nos hubiera sorprendido porque no teníamos un sentido de dualidad: no dividíamos el mundo en "estoy" y "no estoy". No nos sentíamos separados del mundo, estábamos incorporados a la naturaleza y nos sentíamos elementos intrínsecos en una esfera de existencia total y continua. Vivíamos en unión con el mundo sin estar conscientes de esa unión.

La era de la inmortalidad inconsciente duró millones de años, desde inicios de la Edad de Piedra hasta el Neolítico, y en algunas partes del mundo fue más allá. Fue entonces que surgió otra era.

La era de la inmortalidad intuitiva

Fue hace unos 30 a 40 miles de años que nos dimos cuenta de que, llegado un momento, nuestro espíritu abandona el cuerpo. Pero no considerábamos la muerte como el fin de la existencia. Creíamos en la permanencia del espíritu más allá del cuerpo. Enterrábamos a nuestros muertos, pero no nos despedíamos de ellos. Los enviábamos en su travesía pertrechados con sus bienes materiales y espirituales que necesitarían para continuar su existencia.

Nuestros antepasados pasaban de generación en generación sus conocimientos intuitivos en forma de leyendas y cuentos sobre la vida más allá de la muerte. Poco a poco algunas de esas leyendas se hicieron doctrinas y tuvieron la aprobación de las autoridades espirituales. Algunas de esas doctrinas se hicieron dogmas y fueron aceptadas como procedimientos para la forma de pensar y actuar. Las doctrinas separaron a los creyentes de los no creyentes y de los que creían diferente, y causaron infinitos conflictos y luchas. Sin embargo, no había suficientes doctrinas irreligiosas. El conflicto era sólo sobre lo que creíamos. De una forma u otra, todas nuestras doctrinas confirmaban su creencia en la inmortalidad del alma o el espíritu humano.

La era de la mortalidad consciente

La era de la inmortalidad intuitiva duró cientos de miles de años. Fue trascendental y comenzó a declinar hace 2 500 años cuando un sistema racional de pensamiento —en vez de uno basado en la fe— emergió de las aguas del Mediterráneo. En un inicio como griegos, y más tarde como romanos, buscamos cómo interpretar la naturaleza de nuestra experiencia en términos racionales. En la Edad Media nuestra forma de pensar estuvo matizada por las doctrinas cristianas, pero en vez de enterrar ese lado racional, lo aplicamos a las enseñanzas cristianas.

Con el nacimiento de la era moderna adoptamos un sistema de creencias basado en la observación y más tarde en experimentos y mediciones más que en la fe. Desarrollamos lo que consideramos una visión científica del mundo.

La ciencia moderna sostuvo que de todas las cosas que llegan a nuestra experiencia, sólo son reales las que podemos ver, escuchar, tocar y probar. Esta creencia redujo considerablemente el rango de nuestra experiencia. Muchos elementos y aspectos de la experiencia humana fueron ignorados, suprimidos o desechados. No encajaban en la visión científica del mundo, según la cual el mundo real consiste sólo de materia y de objetos constituidos por materia. El alma, el espíritu, la mente y la conciencia son ilusiones. El cuerpo en sí es parte del mundo real, y ese cuerpo es mortal. Por tanto nosotros, como todos los otros organismos vivientes, somos irreversible e irrevocablemente mortales: morimos cuando nuestro cuerpo muere. Esa fue la era de la mortalidad consciente, y en muchas partes del mundo todavía existe.

Pero la era de la mortalidad consciente está llegando a su fin. Ha sido superada por nuevos conocimientos que han aportado la credibilidad científica a la idea de una mente inmortal. Si esa idea llegara a ser reconocida por una masa crítica de personas, una nueva era habrá nacido para la humanidad.

La era de la inmortalidad consciente

La era de la inmortalidad consciente marcaría una nueva fase en la historia de la humanidad en este planeta. En esa era trascenderíamos el sistema de ideas aún dominante de la ciencia moderna convencional y comprenderíamos que la conciencia es un elemento fundamental y perdurable en el cosmos, y que nuestra conciencia es una parte intrínseca de él.

La era de la inmortalidad consciente cambiaría las relaciones entre nosotros y con la naturaleza. No nos convertiríamos en santos o ángeles, pero sí en seres evolucionados que saben que poseen una mente inmortal. Ya no viviríamos con miedo a la muerte, con el miedo de que nuestros días están contados y de que no conducen a nada. No seríamos presa del deseo desesperado de poseer todo lo que podamos mientras podamos, porque "se vive sólo una vez".

Llevaríamos una vida más responsable, cuidando del bienestar de otras personas y de nuestro vital medio ambiente. Comprenderíamos que cuando nuestro cuerpo muere, no abandonamos este mundo sino que sólo pasamos a otra fase de nuestra existencia. Reconocer que nuestra conciencia es inmortal nos daría la seguridad que necesitamos para experimentar felicidad en la vida y tranquilidad en la muerte. Nos daría esa perdurable satisfacción de poder contribuir con un mundo que podemos experimentar y disfrutar una y otra vez, en esta vida y en las que están por venir.

APÉNDICE

CONFIRMANDO OPINIONES DE FUENTES INUSUALES

Las opiniones que se presentan en este apéndice provienen de fuentes inusuales. Son de interés porque enfocan preguntas claves sobre nuestra existencia basándose en la información a la que aparentemente tienen acceso las entidades que transmiten el reporte, pero no el resto de las personas. Esas preguntas incluyen:

- la permanencia de la conciencia después de la muerte
- el destino separado del cuerpo y la conciencia
- la ambigua realidad del mundo material
- la naturaleza de la energía y el pensamiento
- la posibilidad de comunicación más allá del espacio y el tiempo

UNA VISIÓN DE LA FUENTE "BERTRAND RUSSELL"

El filósofo Bertrand Russell fue conocido por su extraordinaria inteligencia y su larga vida. Sin embargo, no se sabía que su inteligencia era tan extraordinaria que sobreviviría a la muerte de su cuerpo.

La visión que aquí se menciona fue expresada por Russell a principios de la década de 1970. Había muerto en febrero de 1970. Este fragmento fue canalizado por Rosemary Brown, una médium bien conocida. Russell sabía que la autenticidad de su mensaje iba ser cuestionada como posiblemente fraudulenta y usó su perspicacia intelectual para disipar las sospechas.

> Tal vez no puedan creer que soy yo, Bertrand Arthur William Russell, quien les está diciendo estas cosas, y posiblemente no podré ofrecerles una prueba definitiva a través de este medio de cierto modo restringido. Aquellos con buen oído podrán escuchar el eco de mi voz en mis frases, el estilo de mi lenguaje en mi tautología. Aquellos que no desean escuchar no dudarán en lanzar toda una sarta de engaños para desacreditar mi retórica retrospectiva.[1]

Como agnóstico firme, Russell se sentía escéptico sobre la probabilidad (o como él dijera, la posibilidad) de la vida después de la muerte. Dijo que estaba seguro de conocer las respuestas a muchas preguntas, incluidas las enojosas relacionadas con la probabilidad de adoptar una nueva vida después de que esta hubiese cesado. Describió su propia muerte y su vida en el más allá con cierta precisión, como lo indica el siguiente extracto:

> Tras exhalar mi último aliento en mi cuerpo mortal, me hallé en un tipo de extensión de la existencia que, hasta donde pude ver, no tenía paralelo en la dimensión material que había experimentado recientemente... Ahí estaba yo, aún el mismo, con una capacidad para pensar y observar aguzada a un grado increíble. De pronto sentí que la vida terrenal era algo irreal, casi como que nunca había ocurrido. Me tomó mucho tiempo comprender esa sensación hasta que finalmente me di cuenta de que la materia es realmente ilusoria, aunque realmente existe. El mundo material parecía ahora sólo un

> océano cambiante de una intensidad y volumen indeterminados. ¿Cómo pude haber imaginado que esa era la realidad, la última palabra del Creador a la humanidad? Es comprensible que el estado en que existe el hombre, aunque temporal, constituye la realidad transitoria que ya no es realidad una vez que pasó.[2]

UNA VISIÓN DE LA FUENTE "SALUMET"

La segunda visión proveniente de una fuente inusual se extrajo de las transcripciones de una serie de sesiones con médiums en trance en Kingsclere, Inglaterra. La entidad principal que se canalizó en esas sesiones no fue una persona muerta sino una forma de inteligencia extraterrestre que se presentó como Salumet. Las conversaciones con él, al igual que con Bonniol, otro extraterrestre, fueron canalizadas por Eileen Roper, una médium en trance total, y por Paul Moss, un médium en trance parcial. Sarah Duncalf, una médium de trance parcial, ya había canalizado otras entidades extraterrestres. George Moss, el científico que convocó la reunión, fue el principal interrogador.* Los puntos más importantes que afloraron en estas largas conversaciones se enfocaron en la naturaleza de la conciencia, la energía y el pensamiento, así como la posibilidad de la comunicación a través del espacio y el tiempo.

MENTE, ESPÍRITU, CONCIENCIA

- El espíritu siempre ha existido.
- Todas las cosas en el mundo comienzan como espíritu y entonces sus contrapartes pasan a su forma física.
- Mente/espíritu/conciencia son esencialmente diferentes del cerebro y de todas las cosas del mundo físico. Mente/espíritu/conciencia son parte del mundo espiritual, y como tales, están conectados

*La transcripción completa de la sesión fue publicada por George Moss en *The Chronicles of Aerah–Mind-link Communications Across the Universe,* 2009 y (Crónicas de Aerah—comunicaciones mentales a través del universo, 2009) *Earth's Cosmic Ascendancy,* 2014 (La ascendencia cósmica de la Tierra, 2014).

instantáneamente a través del espacio y el tiempo. El mundo espiritual se extiende a través del espacio y el tiempo de este universo y de todos los otros universos. No tiene espacio; en él todas las cosas están conectadas al instante.

ENERGÍA

- Hay un "vacío energético" que se extiende a través del universo. (Pero el término "vacío" es ligeramente engañoso porque implica desierto). El vacío energético siempre ha existido; precede al universo que conocemos: "es parte de la creación". El espíritu está asociado con el vacío energético mutable: uno no se puede separar del otro. La mente pertenece al mundo espiritual.
- Aunque es eterna, la energía tiene la habilidad de cambiar. Nunca está estática. Es preferible llamarla "éter". Es esencialmente energía espiritual.
- El espacio, incluso en la ausencia de átomos materiales, es parte del universo. Todo es energía, sin importar si lleva un nombre o no.
- Hay muchas densidades diferentes de energía (o de "ondas de energía"); algunas de ellas aún no han sido descubiertas por los científicos.

PENSAMIENTO

- El pensamiento es lo más poderoso que podemos poseer. Pertenece al espíritu. No tiene peso; es pura energía, pertenece a la energía de toda la creación. Es por eso que el pensamiento puede viajar a través de muchos universos en un instante, ¡incluso más rápido que en un instante! (Pero esto es sólo para explicarlo a través de conceptos físicos). Todo es energía, pero el pensamiento es un proceso muy diferente. Es más refinado.

COMUNICACIÓN (CONEXIONES MENTALES)

- Dentro del espacio-tiempo nada viaja más rápido que a la velocidad de la luz. Pero el espíritu es un dominio que no tiene espacio, para que las mentes, dondequiera que estén en el universo físico, simplemente puedan conectarse. La mente no conoce la distancia física.

- El espíritu (mente, conciencia) está fuera del espacio-tiempo, de modo que las comunicaciones por conexión mental no están afectadas de forma alguna por la distancia física. Son instantáneas (como en telepatía, los rezos, etc.). El cerebro está en estado físico y pertenece al mundo del espacio-tiempo.
- Las conexiones mentales pueden operar a cualquier distancia física, incluso más allá del universo visible. La distancia física es sencillamente irrelevante para las comunicaciones mentales.
- Una mente evolucionada puede comunicarse con las personas antes de que éstas hayan nacido y con familiares que han muerto.
- El idioma no es un obstáculo en la comunicación mental porque el cerebro receptor puede descifrar el pensamiento que hay tras las palabras en su propio lenguaje.

Anotaciones

Capítulo 1. Experiencias cercanas a la muerte

1. Paul Storey, trad., *Plato: The Collected Dialogues,* Edith Hamilton y Huntington Cairns, eds. (Princeton University Press, 1989), "Republic X."
2. Michael B. Sabom, *Light and Death: One Doctor's Fascinating Account of Near-Death Experiences* (Grand Rapids, Michigan: Zondervan Publishing House, 1998).
3. Pim van Lommell, "About the Continuity of Our Consciousness", *Advances in Experimental Medicine and Biology* 550 (2004): 115–32.
4. Bruce Greyson, "Incidence and Correlates of Near-death Experiences in a Cardiac Care Unit", *General Hospital Psychiatry* 25, no. 4B (2003): 269–76.
5. Sam Parnia and Peter Fenwick, "Near-death Experiences in Cardiac Arrest: Visions of a Dying Brain or Visions of a New Science of Consciousness", *Resuscitation* 52 (2002): 5–11.
6. Jimo Borjigin, UnCheol Lee, Tiecheng Lui, y otros, "Surge of Neurophysiological Coherence and Connectivity in the Dying Brain", *Proceedings of the National Academy of Science of the United States of America* (PNAS) 110, no. 35 (August 2013): 14432–37.
7. Henry Atherton, *The Resurrection Proved* (T. Dawes, 1680).
8. Ibídem.

9. Albert Heim, "Notizen über den Tod durch Absturz", *Omega Magazine* 3 (1972): 45–52.
10. Ibídem.
11. Kimberly Clark, "Clinical Interventions with Near-Death Experiencers", en *The Near-Death Experience: Problems, Prospects, Perspectives,* Bruce Greyson and Charles P. Flynn, eds. (Springfield, Ill.: Charles C. Thomas Publisher, 1984): 242–55.
12. Michael B. Sabom, *Light and Death: One Doctor's Fascinating Account of Near-Death Experiences* (Grand Rapids, Mich.: Zondervan Publishing House, 1998).
13. Ibídem.
14. William L. Murtha, *Dying for Change; Survival, Hope and the Miracle of Choice* (Bloomington, Ind: Transformation Media Books, 2009).
15. Penny Sartori, Paul Badham, y Peter Fenwick, "A Prospectively Studied Near-Death Experience with Corroborated Out-of-Body Perceptions and Unexplained Healing", *Journal of Near-Death Studies* 25, no. 2 (2006): 69–84.
16. Ibídem, 72.
17. Ibídem, 73.
18. Ibídem.
19. Ibídem.
20. Amanda Cable, "Why The Day I Died Taught Me How To Live", *Daily Mail,* 16 de noviembre de 2012.
21. Ibídem.

CAPÍTULO 2. APARICIONES Y LA COMMUNICACIÓN DESPUÉS DE LA MUERTE

1. Karlis Osis, *Deathbed Observations by Physicians and Nurses* (Nueva York: Fundación Neoyorquina de Parasicología, 1961).
2. Edward F. Kelly, Adam Crabtree, Emily Williams Kelly y Alan Gauld, *Irreducible Mind: Toward a Psychology for the 21st Century* (Nueva York: Rowman & Littlefield Publishers Ltd., 2010), 409.
3. Allan L. Botkin, *Induced After-Death Communications* (Newburyport, Mass.: Hampton Roads Publishing Company, 2005).
4. Barbara Weisberg, *Talking to the Dead: Kate and Maggie Fox and the Rise of Spiritualism* (San Francisco: HarperSanFrancisco, 2004): 12–13.

5. Ibídem.
6. Renée Haynes, *The Society for Psychical Research, 1882–1982: A History* (Londres: MacDonald & Co., 1982).
7. Eleanor Sidgwick y Alice Johnson, *Proceedings of the Society for Psychical Research* (SPR) Volumen X (1894).
8. Edward Gurney y Frederick W. H. Myers, "On Apparitions Occurring Soon After Death", *Proceedings of the SPR* 5, Parte XIV (1889): 403–86.
9. Ibídem
10. William F. Barrett, *Psychical Research* (Pomeroy, Wa.: Health Research Books, 1996): 124–27.
11. Ibídem, 126.
12. Bruce Greyson, "Seeing Dead People Not Known to Have Died: 'Peak in Darien' Experiences", *Anthropology and Humanism* 35, no. 2 (2010): 165–66.
13. Robert Crookall, *Intimations of Immortality: Seeing That Led to Believing* (Cambridge: Lutterworth Press, 1965), 57.
14. Ibídem.
15. Frances Power Cobbe, "Little's Living Age (quinta serie)", in *The Peak in Darien: The Riddle of Death* (1877), 374–79.
16. William F. Barrett, *Death-Bed Visions* (Londres: Methuen, 1926).
17. Donna Marie Sinclair, comunicación personal con Anthony Peake.

CAPÍTULO 3. COMUNICACIÓN A TRAVÉS DE UN MÉDIUM

1. David Fontana, *Is There an Afterlife?* (Londres: O Books, 2005), 264.
2. Ibídem, 150.
3. Richard Hodgson, "A Further Record of Observations of Certain Phenomena of Trance", *Proceedings of the Society for Psychical Research* (1897–8): 284–582.
4. Montague Keen, *Cross-Correspondences: An Introductory Note* (Londres: The Montague Keen Foundation, 2002).
5. Emily Williams Kelly, "Some Directions for Mediumship Research", *Journal of Scientific Exploration* 24, no. 2 (2010): 253.
6. E. J. Garrett, *Many Voices: The Autobiography of a Medium* (Nueva York: Putnam, 1968).
7. Ibídem.

8. Fontana, *Is There an Afterlife?*
9. Oliver Lodge, *Raymond or Life and Death* (Nueva York: George H. Doran Company, 1916).
10. Fontana, *Is There an Afterlife?* 194–95.
11. Ibídem, 429.
12. K. Gay, "The Case of Edgar Vandy", *Journal of the Society for Psychical Research* 39, (1957): 49.
13. Fontana, *Is There an Afterlife?* 194–95.
14. Guy Lyon Playfair y Montague Keen, "A Possibly Unique Case of Psychic Detection", *Journal of the Society for Psychical Research* 68, no. 1 (2004): 1–17.
15. Erlendur Haraldsson, "A Perfect Case? Emil Jensen in the Mediumship of Indridi Indridason", *Proceedings of the Society for Psychical Research* 59, no. 223 (octubre de 2011): 216.
16. Ibídem.
17. Ibídem.
18. Wolfgang Eisenbeiss y Dieter Hassler, "An assessment of Ostensible Communications with a Deceased Grand Master as Evidence for Survival", *Journal of the Society for Psychical Research* 70.2, no. 883 (abril de 2006): 65–97.
19. Ibídem.
20. W. Stainton Moses, *Spirit Teachings* (Whitefish, Montana: Kessinger Publishing, 2004).
21. F. W. H. Myers, *Proceedings of the SPR* 9.25 (1894).

CAPÍTULO 4. TRANSCOMUNICACIÓN INSTRUMENTAL

1. Waldemar Borogas, "The Chukchee", en Franz Boas, ed. *The Jesup North Pacific Expedition,* vol. 7, parte II (Nueva York: Museo Americano de Historia Natural, 1898–1903), 435.
2. George Noory y Rosemary Guiley, *Talking to the Dead* (Nueva York: Tor Books, 2011).
3. Oscar d'Argonnel, *Vozes do Além pelo Telefone* (Rio de Janeiro: Pap. Typ. Marques, Araujo & C., 1925).
4. Anabela Cardoso, *Electronic Voices: Contact with Another Dimension?* (Londres: O Books, John Hunt Publishing Ltd., 2010): 29–30.

5. Freidrich Jürgenson, *The Voices from Space* (Estocolmo: Saxon & Lindstrom, 1964).
6. Hans Bender, "Zur Analyse aussergewohnlicher Stimmphanomene auf Tonband. Erkundungsexperimente uber dir << Einspielungen >> von Friedrich Jurgenson", *ZSPP (Zeitschrift für Parapsychologie und Grenzgebiete der Psychologie)* 12 (1970): 226–38.
7. Konstantin Raudive, *Breakthrough* (Gerrards Cross, Reino Unido: Colin Smythe Ltd., 1971).
8. Peter Bander, *Carry on Talking* (Gerrards Cross, Reino Unido: Colin Smythe Ltd., 1972).
9. David Fontana, *Is There an Afterlife?* (Londres: O Books, 2005), 361.
10. J. G. Fuller, *The Ghost of 29 Megacycles.* (Londres: Souvenir Press Ltd., 1985).
11. Anabela Cardoso, David Fontana y Ernst Senkowski, "Experiment Transcript Only for Visiting Hans Otto König", *ITC Journal* 24 (2005).
12. Fontana, *Is There an Afterlife?* 369.
13. Cardoso, *Electronic Voices,* 29–30.
14. Hans Bender, "On the Analysis of Exceptional Voice Phenomena on Tapes. Pilot Studies on the 'Recordings' of Friedrich Jürgenson", *ITC Journal* 40 (2011): 61–78.
15. Anabela Cardoso, "A Two-Year Investigation of the Allegedly Anomalous Electronic Voices or EVP", *Neuroquantology* 10, no. 3 (septiembre de 2012): 492–514.
16. Hildegard Schaefer, "Bridge between the Terrestrial and the Beyond: Theory and Practice of Transcommunication", www.worlditc.org/c_04_s_bridge_27.htm (consulta del 24 de junio de 2014).
17. Cardoso, *Electronic Voices,* 29–30.
18. Ervin Laszlo, *Quantum Shift in the Global Brain* (Rochester, Vt.: Inner Traditions, 2008), 153–56.

CAPÍTULO 5. RECUERDOS DE VIDAS PASADAS

1. Carl-Magnus Stolt, "Hypnosis in Sweden during the Twentieth Century—The Life and Work of John Bjorkhem", *The History of Psychiatry* 15, no. 2 (junio de 2004): 193–200.
2. Albert de Rochas, *Les vies successives. Documents pour l'étude de cette question* (Paris: Bibliothèque Chacornac, 1911).

3. Ibídem.
4. Morey Bernstein, *The Search for Bridey Murphy* (Nueva York: Lancer Books, 1965), 303.
5. David Fontana, *Is There an Afterlife*? (Londres: O Books, 2004), 429.
6. Bernstein, *The Search for Bridey Murphy*, 303.
7. Roger Woolger, *Other Lives, Other Selves* (Nueva York: HarperCollins, 1989).
8. Roger Woolger, "Beyond Death: Transition and the Afterlife", transcripción de una disertación en el Royal College of Psychiatrists, 2004.
9. Woolger, *Other Lives, Other Selves.*

CAPÍTULO 6. REENCARNACIÓN

1. Alexander Cannon, *The Power Within* (Londres: Rider & Co., 1960).
2. Ian Stevenson, "The Evidence for Survival from Claimed Memories of Former Incarnations", *Journal of the American Society for Psychical Research* 54 (1958): 51–71.
3. Ian Stevenson, *Twenty Cases Suggestive of Reincarnation* (Charlottesville, Va.: University of Virginia Press, 1988).
4. Ian Stevenson, "The South-East Asian Interpretation of Gender Dysphoria: An Illustrative Case Report", *The Journal of Nervous and Mental Disease* 165, no. 3 (1977): 203.
5. Ibídem
6. Stevenson, *Twenty Cases Suggestive of Reincarnation.*
7. Ibídem
8. Ian Stevenson, *Children Who Remember Previous Lives: A Question of Reincarnation* (Charlottesville, Va.: University of Virginia Press, 1987).
9. Jim B. Tucker, "Children's Reports of Past-Life Memories", *Explore* 4, no. 4 (julio/agosto 2008): 10.
10. Jim B. Tucker, *Life Before Life. A Scientific Investigation of Children's Memories of Previous Lives* (Nueva York: St. Martin's Press, 2005).
11. Tucker, "Children's Reports of Past-Life Memories", 247.
12. Ian Stevenson y Satwant Pasricha, "A Preliminary Report on an Unusual Case of the Reincarnation Type with Xenoglossy", *Journal of the American Society for Psychical Research* 74 (1980): 331–48.

CAPÍTULO 7. EL REDESCUBRIMIENTO DE LA DIMENSIÓN PROFUNDA

1. Zeeya Merali, "The Universe Is a String-net Liquid", http://dao.mit.edu/~wen/NSart-wen.htm (consulta del 24 de junio de 2014).
2. Natalie Wolchover, "A Jewel at the Heart of Quantum Physics", www.simonsfoundation.org/quanta/20130917-a-jewel-at-the-heart-of-quantum-physics (consulta del 24 de junio de 2014).
3. Nima Arkani-Hamed, Jacob L. Bourjaily, Freddy Cachazo y otros, "Scattering Amplitudes and the Positive Grassmannian", Biblioteca de la Universidad de Cornell, 2012, http://arxiv.org/abs/1212.5605 (consulta del 24 de junio de 2014); Nima Arkani-Hamed y Jaroslav Trnka, "The Amplituhedron," Biblioteca de la Universidad de Cornell, 2013, http://arxiv.org/abs/1312.2007 (consulta del 24 de junio de 2014).
4. E. Megidish, A. Halevy, T. Sachem y otros, "Entanglement Between Photons That Have Never Coexisted", Physical Review Letters 110 (2013): 210403.
5. Masanori Hanada, Yoshifumi Hyakutake, Goro Ishiki y Jun Nishimura, "Holographic Description of Quantum Black Hole on a Computer", http://arxiv.org/abs/1311.5607 (consulta del 24 de junio de 2014).

CAPÍTULO 8. LA CONCIENCIA EN EL COSMOS

1. Roger Penrose y Stuart Hameroff, "Orchestrated Reduction of Quantum Coherence in Brain Microtubules: A Model for Consciousness", *Neural Network World* 5, no. 5 (1995): 793–804.
2. Roger Penrose y Stuart Hameroff, "Orchestrated Reduction of Quantum Coherence in Brain Microtubules: A Model for Consciousness", en *Toward a Science of Consciousness—The First Tucson Discussions and Debates,* S. R. Hameroff, A. Kaszniak y A. C. Scott, eds. (Cambridge, Mass.: MIT Press, 1996).

CAPÍTULO 10. MÁS ALLÁ DE LA MUERTE: EL REGRESO AL AKASHA

1. Jane Sherwood, *The Country Beyond* (Londres: Rider & Co., 1945).

2. Sogyal Rinpoche, *The Tibetan Book of Living and Dying* (Nueva York: HarperCollins Publishers, 1993).
3. Virgil, *Aeneid* (Oxford, Reino Unido, Oxford University Press, 1940), 6:705 ff.
4. Poonam Sharma y Jim B. Tucker, "Cases of the Reincarnation Type with Memories from the Intermission Between Lives", *Journal of Near Death Studies* 23, no. 2 (invierno de 2004): 101–18.
5. Tulku Thondup, *Peaceful Death, Joyful Rebirth: A Tibetan Buddhist Guidebook* (Shambhala: Boston y Londres, 2006).
6. Jane Roberts, *Seth Reader* (San Anselmo, Calif.: Vernal Equinox Press, 1993).

EPÍLOGO. INMORTALIDAD CONSCIENTE: EL NACIMIENTO DE UNA NUEVA ERA

1. Rosemary Brown, *Immortals by My Side* (Londres: Bachman & Turner, 1974).
2. Ibídem.

ÍNDICE DE MATERIAS

OTROS LIBROS DE INNER TRADITIONS EN ESPAÑOL

Los nexos del ser
por Alex Grey
con Allyson Grey

Aromaterapia libro práctico
por Marcel Lavabre

El corazón del Yoga
Desarrollando una práctica personal
por T. K. V. Desikachar

La cábala y el poder de sonar
Despertar a una vida visionaria
por Catherine Shainberg

Numerología
Con Tantra, Ayurveda, y Astrología
por Harish Johari

Los chakras
Centros energéticos de la transformación
por Harish Johari

Los chakras en la práctica chamánica
Ocho etapas de sanación y transformación
por Susan J. Wright
prefacio por John Perkins

Medicina con plantas sagradas
La sabiduría del herbalismo de los aborígenes norteamericanos
por Stephen Harrod Buhner
prefacio por Brooke Medicine Eagle

INNER TRADITIONS • BEAR & COMPANY
P.O. Box 388
Rochester, VT 05767
1-800-246-8648
www.InnerTraditions.com

O contacte a su libería local

OTROS LIBROS DE INNER TRADITIONS EN ESPAÑOL

Los nexos del ser
por Alex Grey
con Allyson Grey

Aromaterapia libro práctico
por Marcel Lavabre

El corazón del Yoga
Desarrollando una práctica personal
por T. K. V. Desikachar

La cábala y el poder de soñar
Despertar a una vida visionaria
por Catherine Shainberg

Numerología
Con Tantra, Ayurveda, y Astrología
por Harish Johari

Los chakras
Centros energéticos de la transformación
por Harish Johari

Los chakras en la práctica chamánica
Ocho etapas de sanación y transformación
por Susan J. Wright
prefacio por John Perkins

Medicina con plantas sagradas
La sabiduría del herbalismo de los aborígenes norteamericanos
por Stephen Harrod Buhner
prefacio por Brooke Medicine Eagle

INNER TRADITIONS • BEAR & COMPANY
P.O. Box 388
Rochester, VT 05767
1-800-246-8648
www.InnerTraditions.com

O contacte a su librería local